Problema ou Oportunidade? Seu olhar para os negócios define seu sucesso

CARO LEITOR,
Queremos saber sua opinião sobre nossos livros.
Após a leitura, curta-nos no facebook/editoragentebr,
siga-nos no Twitter @EditoraGente e visite-nos
no site www.editoragente.com.br.
Cadastre-se e contribua com sugestões,
críticas ou elogios.
Boa leitura!

JANE MUNIZ

DE VENDEDORA A FUNDADORA DE UM NEGÓCIO MILIONÁRIO:
VOCÊ TEM A CHAVE PARA CONSTRUIR A VIDA DOS SEUS SONHOS.

Problema ou Oportunidade? Seu olhar para os negócios define seu sucesso

Gente editora

Diretora
Rosely Boschini

Gerente Editorial
Carolina Rocha

Assistente Editorial
Juliana Cury Rodrigues

Controle de Produção
Fábio Esteves

Preparação
Leonardo do Carmo

Projeto Gráfico e Diagramação
Página Viva

Revisão
Geuid Dib Jardim

Capa
Ester Marciano

Foto da Capa
Aurélio Oliosi

Impressão
Rettec Gráfica

Rua Wisard, 305 — sala 53,
São Paulo, SP — CEP 05434-080
Telefone: (11) 3670-2500
Site: www.editoragente.com.br
E-mail: gente@editoragente.com.br

Dados Internacionais de Catalogação na Publicação (CIP)
Angélica Ilacqua CRB-8/7057

Muniz, Jane
Problema ou oportunidade? Seu olhar para os negócios define seu sucesso : de vendedora a fundadora de um negócio milionário: você tem a chave para construir a vida dos seus sonhos / Jane Muniz. - São Paulo : Editora Gente, 2018.
208 p.

ISBN 978-85-452-0223-3

1. Sucesso nos negócios 2. Administração 3. Empreendedorismo 4. Muniz, Jane, 1980- Biografia I. Título

17-1802 CDD 650.1

Índice para catálogo sistemático:
1. Sucesso nos negócios

Dedicatória

Não existe acaso — tudo tem uma razão de acontecer, embora nem tudo possamos explicar; mas, para que as coisas façam sentido, porque uma hora fazem, é necessário que se permita.

Por essa razão, dedico este livro a você, que escolheu lê-lo. E faço isso com a esperança de que essas experiências reais, de um mundo real, que transformaram o sonho em realidade, possam fazer sentido para você, lhe sirvam de inspiração e o ajudem a conduzir seus sentimentos, sempre em busca da melhor maneira de olhar.

Em especial, dedico a história que, agora, contaremos para o mundo ao meu grande amigo e cúmplice, pai dos meus filhos, namorado, marido, sócio e parceiro: Marko, por tudo o que somos e construímos juntos.

Agradecimentos

Confesso que fazer os agradecimentos como parte importante de um livro foi bem difícil para mim, pela possibilidade de cometer uma injustiça esquecendo-me de alguém. Não acredito que eu seja realmente capaz de lembrar-me de todos, pois todas as pessoas, desde aquelas que só me desejaram bom-dia uma única vez, têm contribuição na soma dos meus resultados.

"Diga-me com quem andas que te direi quem és", falavam os antigos. Talvez não quem é, mas certamente indica quem você vai se tornar por meio de influências e sugestões. Mesmo naquela fase da vida em que não escolhemos o ambiente e o ciclo social com o qual convivemos é possível decidir o que podemos aproveitar ou descartar. Depois que nos tornamos independentes e constituímos nossa própria família, alternamos ou mudamos completamente nosso meio social, nossas preferências e prioridades. Ainda assim, devemos continuar fazendo escolhas que façam sentido para a nossa tão desejada felicidade. Mas como? Aproveitando o que é útil e descartando o que não é.

A partir dessa ideia, agradeço a todos que, em algum momento, já me puseram a chorar de dor, a todos que me desafiam dia após dia, pois, de acordo com a natureza, o esterco é fundamental para adubar uma planta — planta esta que saberá exatamente o que extrair dali para florescer e frutificar.

Agradeço àquele enorme grupo de pessoas que agem como luz em nossa vida. Que, independentemente da intensidade, produzem uma energia que só precisa existir para tornar possível a nossa vida, assim como o processo de fotossíntese realizado pelas plantas.

Essas pessoas são todas aquelas pelas quais, para as quais ou com as quais eu já lancei muitos sorrisos. Ainda que a luz tenha de alguma forma se apagado, é importante registrar que ainda a cultivo em minhas lembranças.

Agradeço à minha linda família, que é o meu jardim de primavera nas quatro estações, que me fornece oxigênio, o ar puro que respiro dia e noite, em qualquer lugar em que eu esteja, mesmo quando não estamos juntos.

Quando penso em agradecer a todas as pessoas que passaram pela minha vida, penso nos meus primeiros clientes, aqueles que confiaram a mim seus dias mais especiais, sem eu ter um nome ou uma marca. Penso nos colaboradores, todos eles, por me ajudarem a construir esse castelo de pinças. Penso nas consultoras de embelezamento do olhar que me ajudam a alcançar todas as clientes que passam pelas unidades do Spa das Sobrancelhas. Penso em minha família, meu porto seguro, onde me encontro, me renovo e recebo total apoio para seguir em minhas empreitadas, mesmo que isso me deixe alguns dias fora de casa. Penso em meu grande companheiro, que aceitou esse desafio e trilhou comigo os mesmos passos. E, principalmente, penso em mim. Por tudo que vivi, por tudo que vi e como escolho enxergar.

Agradeço agora a você, por acompanhar aqui a minha história, e a Deus, pela dádiva da vida!

Prefácio

Jane Muniz, a provedora da melhor parte de mim: **o amor**.

Sou um ser virtuoso, mas mesmo uma pessoa virtuosa precisa de uma inspiração. Alguém que, quando nos toca, nos faz melhor. Jane é uma dessas pessoas com o divino dom de inspirar.

Sorrindo, olhando, falando, agindo. Tudo nela nos inspira a algo. O sorriso jovial e franco está sempre presente, a palavra sincera, ou até o silêncio, pois ela prefere este a um desafeto.

Um de seus mantras preferidos é: a flecha lançada, a oportunidade perdida e a palavra dita são coisas que não voltam atrás. Portanto, não diga o que pensa quando não estiver certo do que vai falar — muitas vezes, o silêncio é a melhor resposta.

Se tivesse de resumir Jane Muniz em uma palavra, seria **predestinada**. Sim, pois o que ela escolhe fazer, realizar ou ter ela consegue. Isso me inclui, é claro! O que muito me afortuna, pois conviver com Jane é um privilégio. Mãe, amiga, companheira, amante, **mulher**.

Indispensável falar de sua beleza, uma mistura genuinamente carioca, e com um *plus*, pois tem olhos de beleza rara e incomum — um verde e o outro cor de mel —, o que transforma a criatura em uma divindade. Quando a vi pela primeira vez fiquei hipnotizado, não conseguia parar de olhá-la. Diga-se de passagem, até hoje isso acontece. Ela olhou para o mortal a sua frente e perguntou simpaticamente: "Posso ajudar?". Eu pensei: "É claro, casa comigo, né?".

E, pasmem, consegui! Sério, podem acreditar, a lei da atração existe. Desde que a conheci, até hoje a amo como no primeiro dia.

Resiliente, sempre enfrenta os desafios no salto alto e de cabeça erguida, não por ego ou orgulho, mas por saber que vibra em uma energia leve que a coloca acima dos obstáculos que sempre supera.

Convido você, leitor, a conhecer um pouco dessa pessoa incrível. Sua narrativa não só o inspirará a seguir em frente com otimismo, como também o divertirá com sua maneira solta de viver a experiência humana que chamamos de **vida**.

Marko Porto
Cofundador do Spa das Sobrancelhas,
parceiro e marido de Jane

Sumário

introdução

A oportunidade está aqui

Este é o livro de uma mulher que foi chamada inúmeras vezes de sonhadora pelo pai, por tudo o que dizia, imaginava, pensava, enxergava. Meu jeito de olhar as coisas, as pessoas e o mundo era no mínimo contraditório com a realidade de uma vida cheia de limitações e dificuldades.

Pois eu construí um império do tamanho dos meus sonhos, reconhecido como o maior centro de embelezamento do olhar do mundo. Um negócio pioneiro em prestação de serviços, com mais de 2 milhões de atendimentos e faturamento de aproximadamente 100 milhões de reais ao ano.

Revolucionei, junto com meu sócio e marido, Marko Porto, o mercado brasileiro no segmento da beleza do olhar, que até então não existia. Também inspiramos o mercado internacional, o que nos deixa orgulhosos, posto que o Brasil costuma trabalhar mais com importação, copiando os modelos de fora; mas nesse caso nós exportamos, criamos *know-how*.

Sim, o meu olhar mudou tudo.

Eu me realizo empoderando pessoas a partir do olhar, tecnicamente falando. E aceitei o desafio de escrever sobre a minha história porque tenho o forte desejo de empoderar cada vez mais pessoas, mostrando alternativas para superar adversidades, sejam elas quais forem. O ponto de partida é acreditar que para tudo existe um jeito diferente de olhar. Isso significa que cada um tem sempre uma opção ou mais — e, portanto, também pode fazer escolhas.

A forma como olhamos para nós mesmos, para os outros, para as coisas, para as circunstâncias e para o mundo guia nosso pensamento, transforma nosso sentimento e conduz nossas ações. Em outras palavras, a maneira como agimos é fruto daquilo que sentimos, conforme a interpretação de nosso cérebro sobre as coisas com as quais nos deparamos.

Saiba que tenho um grande desejo de incentivar, motivar e inspirar você a valorizar o seu olhar e empoderar-se, para mudar ou potencializar o que quiser, em qualquer área da sua vida que julgar importante: pessoal, social ou profissional. Por meio dessa conversa em capítulos compartilhando minha trajetória de vida, que ao longo do tempo foi enriquecida por viagens, livros, pesquisas, especialização, seminários, congressos, enfim, experiências e interpretações que resultaram em vitória, sucesso e felicidade, espero que você encontre a centelha que faltava para realizar seus sonhos.

Eu realmente acredito ser possível incorporar esse poder de transformação a partir daquilo que nos permitimos enxergar, sentir, agir. Trata-se de uma permissão, uma decisão individual, um poder que cada um de nós tem de acessar (ou não), de sintonizar ou mudar de frequência. Não tem a ver com o que está acontecendo na sua vida agora, mas sim com o que quer para si de verdade, independentemente das circunstâncias. E disso eu entendo.

Venho de uma origem muito humilde. Nasci numa favela do

Rio de Janeiro, onde não havia nem saneamento básico. Mesmo assim, durante a infância, já olhava para aquela realidade e sentia que poderia ir além, porque o que eu via era diferente daquilo tudo que os outros enxergavam.

Ao abrir o coração para compartilhar minha jornada, desejo ajudar um número maior de pessoas a acreditar que é capaz de sair de qualquer dificuldade, problema, angústia, de bloquear os pensamentos sabotadores e buscar os caminhos certos. Quantas se veem presas a situações que só as fazem sofrer? Chega!

Eu sei, falar é fácil, mas o que vou fazer aqui será também dar exemplos, tratar de fatos e de desafios reais e, acima de tudo, compartilhar os caminhos que percorri e me levaram ao lugar que eu tanto desejava. Conheço pessoas que estão valorizando o próprio olhar e sendo mais felizes. Mas também conheço muitas outras que se afogam em lágrimas, se angustiam, tomam remédios, fazem besteiras, quando há uma boa saída diante dos seus olhos.

Um dia desses comentei com Marko que o ambiente nos transforma em máquinas programadas por todo mundo, menos por nós. Precisamos buscar recursos, como interagir com quem tem mais conhecimento do que nós, para finalmente entendermos que cada um é dono da sua vida e tem todo o direito de se autoprogramar, conforme os próprios talentos e sonhos.

Ou seja, se você assume que é responsável pelas coisas que acontecem de bom e de ruim, mais facilmente consegue agir, lutar, alcançar, comemorar. Como mudar a sua vida? No meu caso, tinha duas escolhas: deixar que a realidade de dificuldades e pobreza me prendesse ou fazer alguma coisa para sair dali.

Como transformar sua vida? Como fazer do seu sonho uma realidade? Nesta introdução, já adianto que você pode escolher se amarrar na impossibilidade, no que está travando sua jornada, ou buscar a resposta, abrir a fechadura e sair dessa para melhor. Parar de viver o problema é outro ponto importante, que trataremos em profundidade mais adiante.

Espero que no decorrer destas páginas você se torne mais consciente do seu poder de escolher a vida que deseja, tome para si a coragem necessária para assumir e concretizar suas decisões pessoais e profissionais e use as técnicas, as dicas e os métodos que vou lhe apresentar como aliados em sua busca.

Hora de levantar seu olhar e não se restringir a uma direção. Há várias formas de lidar com uma questão pessoal, amorosa, financeira ou profissional.

O olhar de que vou falar não é simplesmente o que você vê no mundo físico e presente, e sim o que enxerga além, sente e quer para sua vida.

Querendo enxergar um mundo mais belo para você, como eu enxerguei? Temos muito a conversar.

Antes de começar...

Quero fazer alguns pactos com você. O primeiro é: **troque "julgar" por "avaliar"**.

Todos nós somos juízes, muitas vezes, o tempo inteiro; e nem sempre nos damos conta disso. Tiramos conclusões, fazemos um juízo crítico norteados por aquilo em que acreditamos, ou seja, nossas crenças.

A partir do que vemos, ouvimos, lemos, lançamos uma sentença que é como um muro que nos protege, mas também pode nos impedir de abrir a mente para evoluir. E, claro, é desse processo que nascem os valores e as opiniões que regem nossos princípios morais e éticos.

Eu sempre fui curiosa. Adoro conhecer e compreender coisas novas, assim como replicar o que eu sei. E essa motivação só me faz desejar aprender mais e mais. Observando pessoas, comportamentos, hábitos; assistindo a palestras, cursos, seminários, filmes; lendo livros e artigos, entre outras fontes de informações que eu quero compartilhar com você, uma das lições mais importantes que incorporei na minha vida é: não julgue, procure entender.

Não tem a ver com concordar ou aceitar que algo serve ou não a você, que é certo ou errado, bonito ou feio, porque tudo depende de como cada um se vê. Tenha em mente que, se tudo na vida tem dois (ou mais) lados, por que não se permitir avaliar melhor as opções? Seja para agregar conhecimento, seja para formar as próprias conclusões, ou (quem sabe?) para dar uma guinada na área profissional, social ou pessoal.

Você já começou a ler este livro, então dê-se a chance de terminá-lo, pois tenho muita convicção de que será tocado positivamente em algum momento, em alguma página. Isso vai fazer uma enorme diferença no seu olhar para a vida, especialmente nesta fase que está vivendo agora.

Certamente você já ouviu dizer que, para aprender algo novo, é necessário esvaziar a mente. Eu discordo.

> Conhecimento é o único bem que não ocupa espaço e ainda pode ser atualizado com novas versões. A primeira atitude que temos de tomar é permitir que esse conhecimento seja compartilhado, em vez de bloqueá-lo.

Para que isso aconteça, não podemos nos limitar a simplesmente julgar. Quando escolhemos avaliar, nos sentimos livres para assinalar, estimar, apreciar ou calcular o valor das experiências e do que pode ser aprendido. Dessa forma, aproveitamos tudo que nos serve para este momento, descartando ou colocando de lado o que não.

O outro pacto que quero fazer com você é este: **termine o que comece.**

Acredito que a maioria das pessoas, para não dizer *todo mundo*, passa por momentos nos quais fica imersa em pensamentos, procurando entender a razão da sua existência, o significado da vida. Será que somos os únicos neste planeta? De onde viemos e para onde vamos? Qual o nosso propósito de vida?

Somente o universo interior de cada um sabe exatamente os tormentos que o afligem. É quando se buscam respostas que façam sentido para o seu mundo mental — que pode ser distante ou não do seu mundo real. Isso porque, embora vivamos em sociedade, cada indivíduo tem o próprio universo dentro de si.

Neste livro, eu compartilho um pouco desse meu universo. Não é uma história triste, mas poderia, caso o meu jeito de olhar a vida fosse o mesmo da maioria das pessoas do mundo onde eu nasci. Você poderá encontrar, ao longo dos capítulos, muitas coisas em comum com a sua vida, como respostas para suas perguntas ou, ainda, perguntas para suas respostas.

Honestamente, se você enxergar um único *flash* que o direcione de alguma maneira para um caminho de possibilidades, felicidade e bem-estar, eu terei cumprido o meu objetivo. Mas, para isso, recomendo que termine o que começou. Tenho em mente que a evolução seja o que dá sentido à nossa existência. Com base nisso, devemos estar dispostos a aprender para nos desenvolvermos.

Acredito que nada é por acaso. Tudo tem uma razão de existir, acontecer e ser. Entretanto, não temos respostas para tudo que acontece no mundo ou conosco e, em especial, para aquelas experiências que nos deixam com o coração retalhado, que consideramos injustas e que trazem um sofrimento que nos enfraquece, facilitando a vontade de paralisar ou de desistir.

Que bom que para tudo temos uma escolha. Sofrer ou não sofrer; ser alegre ou triste; julgar ou entender e respeitar; aprender e crescer com as dificuldades ou não aprender nada; contar história ou fazer história, seguir em frente ou desistir. Nem sempre é fácil, eu sei. Mas o primeiro passo é sentir que você tem direito à felicidade e ao bem-estar, por mais que não os tenha neste momento.

É possível encontrar um entendimento para construir positivamente o futuro desejado. Para tudo que eu vivo ou vivencio, procuro extrair lições, aprendizados que sirvam de alicerce, colunas, paredes, telhado, acabamento e decoração para construir o meu mundo. E do jeito que eu acredito ser o ideal.

Falando nisso, lembrei-me do dia em que foram levantadas colunas que sustentam o meu palácio, por assim dizer. Explico.

Aos 12 anos, eu me arriscava no atletismo, incentivada por uma amiga que era atleta na categoria velocista 200 metros rasos. Marilene e eu treinávamos todos os dias depois da escola. Lá, havia outra atleta que era pura inspiração aos iniciantes, por participar de grandes competições e ainda receber, de vez em quando, emissoras de tevê para entrevistá-la.

Certo dia, o técnico oficial precisou faltar, sendo substituído por outro técnico, que decidiu colocar Marilene e eu para competir os 200 metros rasos em nosso local de treinamentos. Imaginei que ele quisesse apurar nossas habilidades.

Eu me sentia pronta para dar tudo de mim e ganhar da favorita — ou, na pior das hipóteses, empatar. Acontece que as pernas da Marilene eram quase o dobro das minhas. Não me importava. Pensei: "Eu só precisava ser mais veloz".

Quando o treinador deu o sinal de partida, eu só me lembrava de que tinha de ser muito rápida. Acabei sentindo uma enorme e aguda dor na região da costela, e ainda estava com a cabeça tinindo de quente, sob o Sol ardente de verão, e recebendo poeira na cara que a Marilene deixava. Ela parecia uma máquina de correr.

Quando eu vi que não daria mais para vencê-la, diminuí a velocidade até começar a caminhar na pista de corrida. Muito ofegante, com expressão de dor e mão na barriga, fui me aproximando até sentar ao lado do técnico, que me aguardava com o cronômetro nas mãos.

Eu estava mergulhada na pena que sentia de mim mesma. Cheguei lamentando a dor pelo esforço a que me submeti para ganhar aquela corrida. Aos poucos, fui ficando menos ofegante, e a dor foi passando, enquanto conversava com o técnico, que era muito atencioso e sereno.

Ele me ouvia, respondia às minhas indagações, interagia com meus assuntos e opiniões. E emendava dizendo:

— Você ainda não chegou.

Depois de uns quinze minutos, ele continuava repetindo durante o diálogo, com o cronômetro na mão:

— É... mas você ainda não chegou.

— Acabou. Eu já perdi.

— Ok, mas você ainda não chegou — Ele insistia.

Vi que ele só ia parar de falar isso depois que eu cruzasse a linha de chegada. Então, me levantei, fui caminhando até lá e quando finalmente "cheguei", vi que ele parou o cronômetro.

Não importa o tempo que você demore a atingir seu objetivo, nem que outras pessoas cruzem a linha de chegada na sua frente. Pare de procurar desculpas e justificativas. Encontre ao menos uma razão de fazer e faça.

Chegue aonde tem de chegar e pegue o seu prêmio. Descubra o que tem lá e tome novas decisões. Siga-as, pare de perder tempo contando histórias, porque o cronômetro não para. Ele pode recontar, mas não para.

Essa experiência não era para fazer de mim uma atleta. Era para fazer de mim uma vencedora. Aprendi que existe uma linha de chegada; e, independentemente de qualquer coisa, preciso cruzar esta linha. O prêmio está em chegar, não importando se é em primeiro lugar.

Quando eu falo que existem anjos para nos conduzir pelos caminhos certos, esse técnico foi um que passou pela minha vida para me deixar essa grande lição.

Durante minha vida na favela, eu enxergava que havia oportunidades de melhoria. Tanto que, quando me perguntavam o que eu queria ser quando crescer, respondia com convicção:

"Eu quero ser rica!"

Mas como conseguir ser bem-sucedida financeiramente diante de uma realidade sem nenhuma perspectiva, em que as coisas pareciam ficar cada vez mais difíceis e escassas? De onde eu venho, uma mulher que diz que quer ser rica no mínimo pede para ouvir, em tom jocoso:

— Rica?!? Então, terá de casar com um homem rico.

Essa é apenas uma entre várias crenças que, em geral, servem para afirmar que você não será o que deseja ser, ou que nunca terá o que quer ter — a menos que se submeta. Daí, pergunto: O que enxergar e sentir nesse momento em que sua família, seu amigo ou alguém que você respeita e admira diz isso? Você escolhe. Exatamente isso.

Veja, ninguém coloca nada na sua cabeça. Esse poder é de pura e única responsabilidade sua. Sempre foi. Você decide o que quer colher. Para isso, decida o que plantar. Aceite as sugestões que vão garantir sua vida feliz. Lembre-se: é você quem vai viver as experiências dessas escolhas. As pessoas podem dizer o que desejarem, mas você também pode decidir o que escutar. Nessas horas, pense o seguinte: "Quais pensamentos me confortam, me fortalecem e me deixam feliz?". De posse das respostas, decida.

É importante colocarmos as nossas decisões em primeiro lugar, porque só seremos capazes de fazer alguém feliz — incluindo família, amigos e parentes — se sentirmos a felicidade em nós mesmos. Reuni esse e outros aprendizados durante minha trajetória, que chamamos de "lições de vida" (e as minhas foram semelhantes a um chicote com lâminas bem afiadas), e construí pilares fortes, baseados no amor próprio, para conquistar a vida dos meus sonhos, como tenho hoje.

Se alguém me perguntasse como eu faria para ser rica, da forma como dizia que seria, não saberia responder. Mas fui aprender. As poucas opções que existiam estavam fora de cogitação, pois eu não via felicidade e amor-próprio me unindo a elas. A riqueza da qual eu falava tinha um desenho muito nítido na minha mente, e ia muito além de uma conta bancária farta e de sustentações fúteis para encher os olhos dos outros.

Para descobrir o "como" as pessoas costumam gastar bastante energia! Igual a procurar um mapa da mina com coordenadas precisas sobre o lugar pretendido. Mesmo que você tenha traçado o caminho, descoberto por onde começar, não há garantias de que tudo ocorrerá exatamente como planejado. Não estamos falando de uma receita de bolo, com medidas e processo padrão. Será necessário desenvolver a sua flexibilidade.

Se ainda não tem uma rota delineada, mas sabe aonde quer chegar, então comece de onde está. É importante que comece. Foi assim que eu fiz. Planejar é fundamental, sem dúvida, calcular ganhos e perdas é estratégico — e é o que mais fazemos hoje nas empresas. Porém, se eu não tivesse uma imagem nítida e rica da minha meta, em detalhes, alimentada incansavelmente, junto com cada respiração, teria dado brecha para que desafios, provações e obstáculos urgentes cumprissem seu papel de me enfraquecer, me frustrar.

Não paralisei nem fracassei, pois coloquei toda a minha expectativa no ponto de chegada da minha meta, e não na rota, de modo a evitar as possíveis armadilhas. Posso garantir que o mapa do tesouro está em focar no seu objetivo final, não necessariamente no caminho. Precisará ser flexível e talvez mudar de rota, como estratégia para superar os percalços e as necessidades do trajeto. O que importa é seguir adiante, sem nunca perder de vista a sua meta.

A minha situação era a seguinte: eu sabia onde estava e para onde queria ir. O "como" era uma questão de tempo, aprendizado, preparação. Segundo o livro *O segredo* (2006) — uma de minhas inspirações para a tomada de consciência sobre nossos hábitos —, o universo conspira a nosso favor. Realmente conspira, eu asseguro.

No meu processo de evolução como mulher e profissional, o universo conspirou para que eu aprendesse mais sobre mim. Eu queria saber quem eu era, quais eram minhas verdadeiras habilidades, meus talentos, minhas forças e fraquezas e fui atrás das respostas. Aprendi, reaprendi, desenvolvi, aprimorei, e até hoje procuro ser e fazer cada vez melhor.

Caro é o preço que pagamos por não tentar

Ter uma linda casa própria em um lugar bacana, comprar o carro favorito, viajar para o exterior. Eu sonhava em alcançar tudo isso e muito mais, apesar de a minha família não ter condições de pagar nem a luz da nossa casa de tijolo sem reboco, de dois cômodos. Normalmente, pessoas de origem simples, como a minha, se sentem impossibilitadas de pensar em coisas grandes. Julgam que são caras. Mas eu nunca vi dessa forma.

Eu não me enxergava *morando* numa favela, e sim *de passagem* por ali. Pensava: "Caro é o preço que pagamos por não tentar; é deixar de acreditar que podemos ser mais do que as condições atuais apresentam".

Agora imagine se eu tinha condições de entrar num salão de beleza? Era consciente de que não podia pagar naquele momento, o que é bem diferente de acreditar ser caro. Pensando assim, satisfazer essa necessidade pessoal passa a ser apenas uma questão de tempo. E essa foi, sem dúvida, uma realização que me marcou profundamente.

Depois de ter sido confundida com menino na pré-adolescência, por parentes distantes que vieram conhecer os filhos do meu pai (éramos quatro, no total), vi a necessidade de cuidar da minha imagem pessoal, melhorar minha apresentação não verbal. Pude perceber que a imagem que eu estava passando para as pessoas não era a que eu realmente gostaria. Eu adoro os meninos, acredite. Tenho alguns na minha vida. Mas me senti dentro de um corpo estranho. Não era eu, não era quem eu queria ser, não era como eu queria que me vissem.

Isso é algo que devemos levar a sério. Normalmente, antes mesmo de termos a chance de falar o nosso nome, quem somos, o que fazemos, o que conhecemos, nossos gostos e preferências, sofremos uma avaliação não verbal. Conhecida exatamente por comunicação de linguagem não verbal, ela é a nossa maior forma de expressão. Por isso, temos de ficar atentos ao que realmente queremos expressar e transmitir.

De acordo com a leitura não verbal de um indivíduo (ou seja, a forma como ele se apresenta, o que veste, o que calça, as cores que usa, seus movimentos, gestos e expressões), é possível inferir o seu íntimo mais oculto. Isso inclui temperamento, crenças, forças, fraquezas, valores, cultura, medo, angústia, depressão, vitalidade. Por vezes, até propensões a doenças — e por aí vai.

Quem é que gosta de gerar uma impressão negativa? Ninguém gosta! Vai perder oportunidades, como a de iniciar um bom relacionamento, conquistar alguém, passar em uma entrevista de emprego ou até fazer negócio, por causa de uma impressão errada?

Eu vejo tudo isso como uma oportunidade. E oportunidade é algo que não podemos desperdiçar.

Quando eu fui a um salão de beleza pela primeira vez, o sentimento que me tomava era de euforia, satisfação, orgulho, prazer. Estava me sentindo especial, uma princesa. Tão importante! Como se fosse uma daquelas atrizes famosas que me inspiravam pela tevê. Naquele momento, podia alcançar qualquer coisa boa que eu quisesse ser e sentir, porque estava realizando o meu sonho.

Sucesso, felicidade, prazer, amor são realidades ou desejos que cada pessoa descreve de uma própria maneira toda especial. À medida que amadurecemos, as necessidades e prioridades cedem posições a novas descrições, o que é muito natural. Afinal, não vamos desejar a vida inteira ter uma boneca Barbie original ou um avião de controle remoto. Crescemos e passamos a desejar, por exemplo, uma casa ou um carro esportivo do ano.

Mas quando nos permitimos — ou nos é permitido — ter algo desejado, por mais simples que pareça, seja uma Barbie, seja ir a um salão de beleza, o sentimento gerado tem o mesmo poder neural e sentimental para qualquer pessoa. Costuma ser de euforia, satisfação e alegria. A partir disso, criamos as boas lembranças.

Podemos gerar boas lembranças quando encontramos alguém especial, viajamos, vamos a uma festa... Quando decidimos tomar um vinho com amigos ou reunimos a família. Há inúmeras maneiras de nos abastecer de boas lembranças, alimentadas por bons sentimentos. Quanto mais intenso for o acontecimento, mais fortemente somos marcados pela lembrança, que traz consigo os sentimentos.

Eu experimentei isso indo ao salão de beleza pela primeira vez. Foi tão intenso, que escolhi me relacionar mais intimamente, tornando-me mestre em embelezamento do olhar, para proporcionar a milhares de pessoas bem-estar e empoderamento a partir de uma apresentação seguramente apropriada.

A vida de muitas pessoas não é fácil. Cada um tem suas provações. Mas eu quero que cada um se lembre de uma coisa muito importante nesta passagem pela Terra: lembranças podem ser acessadas, mas também podem ser criadas. Sentimento é um estado emocional que explica uma ação e gera uma reação. Como vão os seus resultados? Ou que lembranças e sentimentos perseguem o seu ser?

Sei de pessoas que não conseguem se desprender de lembranças ruins, mesmo sabendo que isso não faz bem a elas. Dessa forma, ruminam o passado em seu presente. Há outras que nem se dão conta de que vivem de histórias negativas, mesmo quando estas não são de sua vida. Ao se esforçarem para registrar acontecimentos negativos, geram sentimentos que as fazem esbravejar, franzir as sobrancelhas, sacudir os braços, sentir raiva ou ódio, elevar a ansiedade, frustrar-se demais, cair em desânimo ou depressão.

Se você conhece alguém assim, e se importa com o bem-estar dele, ajude-o a produzir boas lembranças. Fale dos acontecimentos positivos, de coisas boas. Traga para a frente desse arquivo mental situações alegres e prazerosas. Até que as coisas desagradáveis se tornem arquivo morto. Não é um processo instantâneo — exige paciência, mas funciona. Chegará o dia em que, somente por vê-la, imediatamente vai acessar o arquivo de boas lembranças que vocês duas trouxeram para frente. Ela certamente vai agradecer o bem que você faz a ela. E você saberá que fez um excelente trabalho.

No fundo, a aceitação do próximo e a
sua aceitação pessoal caminham juntas,
e uma fortalece a outra.

O primeiro cuidado costuma ser com o externo. E é mágico como isso aumenta as chances de você querer conhecer o seu interior e passar a cuidar com carinho dele também! Por meio do trabalho do Spa das Sobrancelhas, desejo que o cuidado com essa parte tão delicada do nosso rosto seja uma alavanca para mais e mais pessoas se cuidarem por completo.

Uso a beleza como minha porta de entrada para fazer a diferença na vida de mulheres e homens, elevando seu bem-estar e autoestima. É sensacional permitir que se reconheçam diferentes no espelho e, a partir desse novo olhar para si mesmos, fazer com que se empoderem para realizar qualquer desafio ou sonho.

Nossas expressões faciais afetam diretamente o que sentimos. Em 1907, o físico francês Israel Waynbaum apresentou uma teoria a respeito das expressões faciais que mudam nossas sensações[1]. Por exemplo, tente falar com alguém, talvez uma criança, fingindo que está chorando, a fim de convencê-la daquilo que pretende com sua mensagem verbal. Você vai contrair seus músculos, e isso enviará uma informação ao seu cérebro de que o que está acontecendo é real. E, então, seus olhos se encherão de lágrimas.

Também podemos gargalhar a ponto de chorar. Podemos nos imaginar chupando um limão e sentir a boca salivar. Ou ainda pensarmos estar num palco, diante de uma plateia: se eu tenho vergonha de falar em público, posso apostar que meu coração vai disparar. Em todos os exemplos, sempre haverá correlação dos músculos da mímica facial com nossos sentimentos e sensações. Isso porque ativamos um processo químico no sistema nervoso de resposta rápida.

Então, se alterarmos a expressão facial, podemos alterar para melhor o estado sentimental de uma pessoa. Olha que incrível! Isso me motiva demais! E o caminho de vida que eu escolhi para proporcionar melhores emoções é pelas sobrancelhas. Portanto, este livro vai falar de técnicas de embelezamento do olhar. E eu não tenho outra maneira de abordar o comportamento e as mensagens que nós transmitimos, o que sentimos e os resultados que atingimos sem falar de sobrancelhas. Você vai entender.

No cinema mudo, as expressões faciais eram o que traduziam as emoções, passando as mensagens do autor. Não havia os estudos atuais sobre visagismo, que permitiriam desenhar as

---

1. Apresentado em *Emotion and Facial Efference: A Theory Reclaimed*. Disponível em: <http://www.communicationcache.com/uploads/1/0/8/8/10887248/emotion_and_facial_efference-_a_theory_reclaimed.pdf>. Acesso em: 22 dez. 2017.

sobrancelhas de modo a caracterizar o personagem. Nos dias de hoje isso é bem comum, mas não no século XIX. Todavia, os movimentos da mímica facial (em especial da área das sobrancelhas) eram, com toda certeza, os de maior relevância para esse objetivo de expressar sentimentos a cada espectador, que olhava para aquilo fascinado.

Desde muito tempo já se enxergava a importância da expressão facial para uma pessoa comum ou artista se comunicar, personalizar e transmitir emoções. Mas não estamos falando de representar, e sim da vida real. E o ponto que devemos levar muito a sério é o sentimento e as emoções aos quais nos referimos. Porque é daqui que tomamos as ações que geram os resultados alcançados.

A expressão do seu olhar pode ser favorecida ou desfavorecida pelas sobrancelhas. É desfavorecida quando a sua expressão não condiz com a sua personalidade. Digamos que você seja uma pessoa de personalidade positiva. Sente-se alegre, otimista, vaidosa, forte, vigorosa, imponente. Entretanto, sua expressão transmite um ar de tristeza, negatividade, frustração, desânimo, desilusão, cansaço.

Nesse caso, conta o que você é, a sua personalidade. E isso é ótimo, significa que gera bons e agradáveis impulsos nervosos que favorecem a produção de hormônios, como a serotonina, fundamentais à sensação de bem-estar. Qual é o problema? Você pode estar perdendo oportunidades sem saber, já que sua imagem não está representando todo o seu potencial. Está desconexa.

Pois imagine o poder que você ganhará se conectar sua imagem com sua personalidade!

As pessoas farão a leitura correta de você, captando seu otimismo, coragem, força, competência, alegria, extroversão, amor, honestidade, ética. Sabe aquelas portas que você vem tentando abrir? Elas se abrirão. E outras, que você nem sabia que existiam, também se revelarão, mostrando inúmeras oportunidades nas quais você se encaixa. É como se olhar no espelho e dizer: "Agora, sim! Essa pessoa sou eu".

Em compensação, a expressão do seu olhar pode ser favorecida quando sua expressão exterioriza beleza. **Eu traduzo beleza em uma palavra: harmonia**. Quando expressamos nosso sentimento, concordando que algo é belo, falamos de quanto é agradável. Existe conformidade, combinação, coerência e afinidade. É aquilo que faz sentido de alguma forma.

Se você está na posição atual de se sentir mal porque passa por algum momento difícil, tudo o que não deve fazer é se entregar. Mesmo estando triste, cansada, com estresse no limite, sem forças, reaja. Em vez de deixar o barco da sua vida simplesmente seguir para qualquer lugar, tome uma atitude simples e pequena, mas de alto impacto: assuma agora mesmo o leme da sua embarcação.

A decisão de redirecionar seu barco já vai proporcionar instantaneamente emoções melhores, que devolverão forças para você dar o segundo passo, depois o terceiro, o quarto... e quantos outros precisar para chegar aonde deseja. Cuide da primeira coisa que vê quando se olha no espelho: a sua expressão facial! Inevitavelmente é a mesma que os outros veem. É por aqui que você começa a mudar seu sentimento, sua energia e sua mente.

Experimente, permita-se sincronizar essa combinação e verá como é poderosa! Acredite, tudo de que precisa não está em outro lugar ou de posse de outra pessoa. Está exatamente em você.

Estresse, expressão facial e sentimentos

Nossos sentimentos e sensações produzem substâncias químicas no corpo que podem nos fazer muito mal e provocar doenças graves. É o caso do cortisol em excesso, provocado pelo estresse. Mas você deve estar se perguntando: Quem, nos dias de hoje, não vive estressado? Essa é uma condição emocional de desconforto, causada por uma determinada situação que está em foco e acreditamos ser difícil resolver.

Experimente olhar a sua expressão neste instante. Certa vez, meu marido e sócio, Marko Porto, tirou uma foto minha quando eu estava focada em algo que me aborreceu intensamente.

— O que está aborrecendo tanto você? — Ele me indagou.

— Nada — respondi, séria.

Daí, ele me mostrou a foto. Eu fiquei assustada. Pedi para apagar na hora.

Minhas emoções contraíam talvez os oitenta músculos da minha face. Eu não percebia, conscientemente. Mas meu corpo, sim. Por quanto tempo fiquei ali produzindo cortisol, fazendo mal às minhas células, ao meu sangue e órgãos... E, é claro, sem resolver nada. Quando estamos com essa vibração energética o problema não é solucionado, somente prorrogado enquanto cresce, cresce e pode se tornar maior do que nós.

Em situações como essa, vale a pena desfocar, fazer algo diferente para desapegar do assunto estressante, relaxar a musculatura, sorrir. É assim que as melhores respostas surgem: quando mudamos a nossa energia. Deixamos de produzir cortisol e permitimos que outras substâncias químicas atuem no nosso corpo, aquelas ligadas ao bem-estar, os chamados "hormônios do prazer", que são a endorfina, a serotonina e a ocitocina.

Se as emoções são reveladas pelo rosto, você se torna o que põe no seu. Esta conclusão é corroborada também pelo doutor Paul Ekman, um psicólogo norte-americano pioneiro no estudo das emoções e expressões faciais.

Como o nosso negócio permite contato direto com o público, escutamos tantas histórias! Clientes sentam em nosso divã do atendimento (sim, nossa cadeira se torna um divã) só para cuidar das sobrancelhas e fazem seus relatos, depois de se sentirem prontas para um novo desafio. Logo após se verem no espelho e gostarem da transformação, falam em enfrentar algo como falar em público, apresentar um projeto ao chefe, pedir alguém em namoro. É lindo ver pessoas fazendo planos futuros "startados" a partir do embelezamento do olhar que proporcionamos. Parte do nosso treinamento, inclusive, é instruir as equipes de que não estamos ali só para realizar serviços. Realizamos desejos e sonhos, atendemos necessidades, despertamos e valorizamos o que existe de melhor no ser humano. Nosso trabalho vai muito além do ganho financeiro. O Spa das Sobrancelhas é uma grande marca e um negócio de alta rentabilidade, pois não vendemos serviços ou produtos, e sim cuidamos de pessoas.

Portanto, quando uma pessoa entra na nossa casa, está cuidando também da nossa alma. Ninguém toma a atitude de cuidar da sua expressão sem uma razão que o motive, que o mova para isso. O valor desse trabalho não está só em limpar os fios sobressalentes para criar um desenho. No momento em que a profissional toca o rosto de alguém para cuidar de suas sobrancelhas, uma série de coisas pode estar ocorrendo. Ao sair, esse ou essa cliente leva um incentivo extra para conseguir ser mais forte naquilo que precisa (ou, melhor ainda, quer) fazer. Essa é minha missão de vida, transportada agora para estas páginas.

Vou insistir, ao longo deste livro, que a força da resiliência sempre esteve dentro de nós. Só que também não faltam forças opostas para nos fazer acreditar que é mesmo difícil mudar nossa realidade. Que os grandes desejos pertencem a quem é de outros meios sociais, tem currículo invejável, nasceu com meio caminho andado. Será que você está se dando conta disso? Ou vem vivendo nesse mundo de mentirinha e repetindo mantras paralisantes como "Eu não consigo" ou "Isso não é para mim"?

A palavra, uma vez pronunciada, já era. Você não consegue pegar de volta, engolir porque falamos o que sentimos, e o que fica para ambos, o locutor e o interlocutor, é exatamente o sentimento e o que vem junto dele. Vai ter que se resolver com essa negatividade, caso a tenha dito na hora errada, da forma errada ou à pessoa errada. Procure pensar antes e não reproduza o que os outros esperam que você fale.

Assim como a palavra pode traí-la, a oportunidade também, quando você a deixa escapar.

Verdade que não somos preparados para as oportunidades. Levamos anos na escola aprendendo coisas que nunca vamos usar na vida real. Enquanto isso, crescemos despreparados para enfrentar e superar os grandes obstáculos que sempre aparecerão.

Ao acreditar que algo é inalcançável a você, distancia-se ainda mais daquilo que deseja. Eu nunca via nada como inalcançável. Essa é uma das maneiras que nós temos de educar o pensamento, pois foi dessa forma que eu consegui sair da favela, ter um marido maravilhoso, que é meu amigo e parceiro de trabalho; além de engravidar, constituindo a família dos meus sonhos, ultrapassar quatrocentas unidades do nosso negócio, ter a ajuda valiosa de várias pessoas, porque não fazemos nada sozinhos.

Todos nós precisamos batalhar por uma vida integrada, para não brilhar só num aspecto da vida, deixando os outros na sombra. Visualizo esse poder de forma muito, muito fácil na minha mente. Um poder que pode ser desenvolvido em qualquer pessoa. E é essa a mensagem que eu quero trazer a você: é preciso criar o incentivo para pensar verdadeiramente. A fé que move montanhas, conforme você escuta dizer, nada mais é do que isso.

capítulo 1

O início de tudo

NESTE EXATO MOMENTO, PODE SER QUE VOCÊ ESTEJA VENDO SOMENTE aquilo que se acostumou a ver. E queira abrir os olhos. Ou melhor, abrir a cabeça, expandir a mente. Então, saiba de uma coisa, caro leitor: tudo começa... na maneira de olhar. Para si mesmo, para as outras pessoas, para as coisas que lhe acontecem. Para o que você vive, lê ou apenas ouve.

É possível mudar o foco da sua visão, tornando-a inteligentemente flexível para ampliar, desviar, redirecionar, dar *zoom*. Isso é essencial para enxergar como vai agir diante do que está posto à sua frente. Tendo em mente que a vida não é como a tela de um quadro pintado, estático, que está pendurado numa exposição ou na parede da sua casa.

Não é só para olhar, e sim tomar atitudes. Somente olhar para se lamentar é desperdiçar tempo, energia; e se existe uma coisa valiosa é o seu tempo.

Continuar olhando para o que não vai dar certo por quê? Só porque hoje você não mora no lugar dos seus sonhos significa que nunca vai sair daí? Só porque você ainda não está na posição que sonhou estar significa que nunca estará? Nunca será um profissional prestigiado e próspero? Ou nunca vai amar e construir uma família linda?

Eu preferi ter um olhar mais favorável, sob condições não tão favoráveis. Decidi sonhar grande e revolucionei a minha vida (e a de muita gente!) antes dos 40 anos, mesmo tendo todas as fichas apostadas contra mim.

Por isso, incentivo sempre meus franqueados e colaboradores, clientes, alunos, filhos e marido, amigos e seguidores virtuais a não se conformarem com o que veem, quando sentem que as coisas deveriam ser diferentes. Mas essa contestação deve ocorrer de forma positiva, buscando novas soluções que beneficiem mais pessoas, liderando transformações de vida.

Ou seja, independentemente da infância que cada um teve, e das dificuldades que enfrentou, não é por isso que vai se tornar um adulto amargo, de mal com o mundo, frustrado por ver os outros construindo bons negócios, bons relacionamentos ou uma boa vida. Há pessoas se restringindo ao mundinho que conhecem, sem ter ideia de que existem mais possibilidades com encaixe perfeito nos seus anseios.

Gosto de dizer que, se tem uma pedra no caminho, eu subo nela, atravesso e vou para o outro lado. Não paro por causa de um obstáculo, que está ali para me desafiar e mostrar algo que eu preciso ver e aprender. É o meu caminho, então eu preciso continuar.

Não faço coleção dessas pedras no sentido de alimentar dor, raiva, tristeza, angústia. Mas tenho uma coleção de aprendizados e transformo toda essa energia numa poderosa força, capaz de me impulsionar. Imagine a quantidade de pedras que eu já atravessei, desde quando era uma criança, subindo o Morro do Fubá, na zona norte do Rio de Janeiro?! Ao compartilhar um pouco da minha história, isso ficará mais claro.

Sem comparação ou vitimismo

Voltando à minha infância, eu me imagino agora passando um cafezinho para você, na casa onde nasci. E agradecendo por conhecer a minha jornada, que é de felicidade, prosperidade e de olhar para mudanças. Eu realmente fui buscar tudo isso desde pequena e trouxe para perto de mim e dos meus.

Logo de manhã, junto com o café preto, puro, aconteciam cenas engraçadas. Lembro-me, como se fosse hoje, que cada irmão (como já disse, éramos quatro) juntava suas moedinhas para o pão (quando tinha). E virava uma confusão danada se medíssemos, e os pedaços não fossem iguais para todos. A ponta do pão era disputadíssima — ficava com ela quem se desse ao trabalho de descer o morro para ir à padaria.

Quando as coisas não são fartas, a gente realmente quer tudo, inclusive garantir que ficará com o melhor pedaço, e corre o risco de não perceber que, mesmo na escassez, há uma riqueza escondida. Essa lição eu aprendi quando, em um almoço de família, resolvi contar as batatas fritas no prato do meu irmão mais novo. Bati os olhos e propus:

— Você tem mais do que eu, isso não é justo. Vamos contar?

Aí meu pai me deu uma lição:

— Que é isso que você está fazendo? Contando as batatas? Se quer batatas, vai comer batatas.

Minha irmã mais velha teve de descascar e fritar todas as batatas que tínhamos em casa para que eu as comesse. Ainda bem que não eram tantas assim. Não chorei, não reclamei, não escapei da mesa. Fiquei comendo, durinha no meu orgulho, mas a verdade é que eu não aguentava mais. Sem que ninguém visse, eu ia cuspindo dentro da minha garrafinha de água. Mastigava bem, fazia uma pasta dentro da boca e fingia estar com sede.

Nunca mais fiz esse tipo de competição. Não adianta mesmo. Você não pode ficar comparando o que tem no seu prato com o do outro. É preciso assumir a responsabilidade pela própria vida e não se deixar cair no mar de vitimismos e lamentações.

Curioso como as coisas se repetem. Minha filha Gabriella, com 10 anos, chegou da escola no fim do dia e jogou seu corpo na cama de braços cruzados, aborrecida. Perguntei o que houve e ouvi sua queixa sobre o irmão, um ano mais velho:

— Não é justo! O Leo já está de férias, e eu ainda tenho mais três dias de aulas. Ele agora está brincando, vai viajar amanhã, e eu ainda tenho que estudar para a prova.

Lancei um "*Sorry!*" (desculpe, em inglês) serenamente e sugeri:

— Que tal você parabenizá-lo por isso? Só está pensando em você quando acha que não é justo. Lembre-se de que, durante o ano inteiro, ele acordou às 6 da manhã sozinho, enquanto você dormia até mais tarde.

Gabriella mudou sua energia na hora.

Não devemos desejar o que é dos outros, mas podemos nos inspirar. Às vezes, você não está preparado para receber tudo. Não é porque está disponível que deveria consumir até o final. Pode precisar guardar para depois.

Vale ter consciência do que seu desejo exige. É como se tornar uma flor de lótus, um tipo de lírio-d'água cujas raízes estão fincadas em meio à lama e ao lodo dos lagos e lagoas. A flor não se rende ao fundo da água, mas vai subindo à superfície para florescer com sua beleza — e foi isso o que eu quis para mim.

Incômodo como alavanca

Nasci num lugar com guerras de facções, tiros e drogas, esgoto a céu aberto. O que tínhamos era um cômodo para seis pessoas dormirem juntas, paredes no tijolo cru, chão de cimento queimado, telhas de amianto com furos tampados com chiclete para não chover dentro de casa.

A luz era na base do "gato". E o único Mickey que conhecíamos era o ratinho que decidia desfilar livremente para avisar que também era morador da nossa casa. Já as baratas nunca conquistaram um apelido fofo, por serem mais assustadoras. Digo o mesmo dos percevejos de cama e sofás, que, poxa, gostavam de se alimentar do meu sangue. Com tudo isso, talvez você me pergunte:

Como pude enxergar algo de bom na minha realidade? Tudo depende do jeito que se olha.

Aprendi a rezar cedo, e recorria a Deus para nosso barraco não desabar e as telhas não voarem, por causa do vento, da tempestade e de uma enorme pedra logo atrás da casa. Já pensou se ela rolasse sobre nós? Isso é bom só em filme do Indiana Jones. Sem noção de distância, mas de perigo, orava até para a queimada de renovação do capim de pasto (a 20 quilômetros) não nos alcançar — pelo menos enquanto morasse alguém ali.

Aquilo tudo nunca definiu quem eu era na essência e quem seria no futuro. No entanto, precisava proteger o que eu tinha, o lugar que me abrigava do sereno. Mesmo não sendo agradável viver naquelas condições (afinal, eu via o mundo pela televisão), sabia que poderia ser pior. Sempre se pode escolher enxergar algo de bom nas circunstâncias mais precárias. Agora, sentir gratidão pelo que você tem é diferente de fingir satisfação.

Seja grato pelo que tem, mas não se acomode.
E, sim, se incomode.

O incômodo é alavanca para ir melhorando qualquer condição, é o que nos obriga a entrar em ação e tomar uma atitude. Não ficamos com uma pedra no sapato ou carne entre os dentes ou um mosquito pousado sobre a pele. Resolvemos todas essas coisas quase que por instinto.

Olhava para mim. Estava viva, podia me movimentar. Não tinha o direito de reclamar e lamuriar. Não havia sentimento de tristeza dentro de mim, e sim uma enorme insatisfação clamando, nas conversas comigo mesma, para eu agir, tomar uma atitude. E isso só foi crescendo positivamente com o passar do tempo.

O ser humano que somos hoje é parte de nossas vivências na infância, que é quando estamos mais abertos a captar informações e ensinamentos positiva ou negativamente. Existem inúmeros tipos de infância, e eu vi amiguinhos sofrerem violências ou assistirem a cenas chocantes dentro da própria casa.

A minha família não era perfeita, como a de comercial de margarina, mas nela existia carinho, conselhos e cuidados. Verdade que as varas de bambu ficavam do lado de fora da porta.

Meu pai pegava uma fresquinha, e *shlept* nas pernas quando meu irmão um ano mais novo e eu saíamos da linha.

Sou a terceira da fila de filhos de uma mãe negra com um pai branco, ambos trabalhadores exemplares. Meu pai serviu no exército. Depois, trabalhou numa empresa como tratorista até o dia em que se aposentou, continuando a fazer serviços extras, mesmo quando deveria descansar, para garantir um orçamento mínimo que bancasse o trivial. Tinha valores admiráveis, como honestidade e disciplina. Muito "caxias", nunca se atrasava ou faltava, por exemplo.

Da minha mãe, lembro pouco, pois ela faleceu de derrame cerebral quando eu tinha 8 anos e ela, 30 e poucos. Certa vez, acordou de madrugada revirando os olhos de tanta dor de cabeça, ficou no hospital por alguns dias, veio para casa debilitada, foi reinternada e não voltou mais. Foi tudo tão rápido!

Eles nunca contavam sobre como se conheceram, se apaixonaram e se uniram. Com certeza, os dois sofreram um bocado os efeitos do racismo, ouvindo talvez que iriam gerar mulatinhos de olhos claros, uma mistura doida para a sociedade — e especialmente para a família dele, de origem portuguesa. Meu irmão mais velho, já falecido, tinha os dois olhos verdes. Já eu tenho um olho de cada cor. Vim mais misturada do que tudo.

Imagine uma mulher negra carregando uma criança de pele mais clara e olhos verdes? Devia ser confundida com babá do meu irmão, nunca a mãe, pois a discriminação lá atrás era pior. Hoje, apesar da pressão popular, ainda existe preconceito com relação à etnia e à classe social.

Mudar cultura não é fácil. É um processo.

Para nos sustentar e ajudar no orçamento, ela fazia faxina, lavava, passava, cuidava da casa dos outros e levava os filhos de vez em quando para vê-la trabalhar, pois não tinha com quem deixar. A gente colaborava, mas atrapalhava também — como quando, num desses dias em que a acompanhávamos, cortei a cabeça apostando corrida com meu irmão mais novo. Quando minha mãe viu a minha cara toda ensanguentada, mal acreditou. Mas ela não era de fazer escândalo, nem ficar apavorada. No lugar de se desesperar, resolvia. Quando cenas assim me vêm à memória, imagino que ela deva ter sido uma mulher incrível!

Não me lembro de muitas coisas, mas mantenho alguns registros intactos. Quando são acionados, eles me trazem lembranças que me acalentam e também me direcionam.

Dor não precisa virar revolta

Com 8 anos, consegui reter vários ensinamentos que me fizeram amadurecer rápido. Já sabia que a vida era finita e pensava: "E eu, o que vou fazer de agora em diante?". Lidar com morte nessa idade não foi fácil. Briguei muito com Deus, por ser a voz maior e que deveria ser um amigo.

Naquela época, eu tinha uma amiguinha que vivia dentro de uma igreja porque os pais eram pastores, missionários ou algo do tipo. Por estar sempre nesse meio, junto com ela, eu conhecia bem a Deus, estava bem próxima Dele para questioná-lo:

— Como é que se tira a mãe de uma criança? Que Deus é esse? Sem a minha mãe, como é que vamos ficar? O que vai ser de mim, meus irmãos e meu pai? Você existe mesmo?

Claro, mesmo não querendo fazer drama, a gente sente aquilo no fundo da alma. E é nesse momento da vida que também nos questionamos, em busca de entendimento, de algo que acalme e tranquilize nosso juízo e nosso coração.

Falar sobre essa perda em casa teria nos dado conforto, especialmente quando surgiam na televisão comerciais homenageando a maternidade, cenas de novela de filho abraçando e beijando a mãe... Mas, talvez por ser complexo demais, o assunto era vetado em casa. Meu pai não se casou de novo e seguiu o curso da vida, sempre muito cuidadoso e carinhoso com suas crias.

Hora de tomar uma decisão. A minha foi de ir em frente e avante. Paralisar significaria continuar vivendo a dor da perda. Minha mãe era bonita, animada e festiva. Eu queria ser como ela, então precisava mandar a tristeza embora.

Por eu ser a questionadora da turma, indagava muitas coisas que meu pai não sabia responder, indo até onde podia. Ou, às vezes, apelava para mentirinhas. Só que, depois, eu passava por boba perto de colegas que sabiam o que eu não sabia. Outras vezes, ele ficava cansado e simplesmente dizia que era "chouriço" (aquele tipo de linguiça picante de porco) ou, então, que tudo vinha da árvore. Eu entendia a mensagem e parava com os "por quês".

Essa minha curiosidade e sede de aprender me levou a querer me relacionar com pessoas mais velhas, pois eu sabia que as mais jovens saberiam tanto quanto eu, ou menos (normalmente era menos, portanto, sempre me sentia na posição de estar ensinando algo ou falando mais do mesmo).

Estava no caminho certo, já que somos a média das pessoas com quem nos relacionamos.

Urgência por aprender

Pensei, por alguns instantes, enquanto escrevia este parágrafo, que talvez minha veia empreendedora tenha se iniciado aos 8 anos, quando experimentei a sensação de liberdade de ter meu próprio dinheiro. Eu já ganhava para lavar louça e arear panelas na casa de vizinhas, além de entregar água e ajudar a tomar conta de crianças.

Aos 13 anos, comecei a trabalhar para uma loja de joias e bijuterias enquanto concluía o ensino médio, elevando meu nível de responsabilidades. Essa experiência foi um marco essencial para eu começar a desenvolver uma habilidade que seria fundamental para o meu sucesso futuro: **a de enxergar as necessidades das pessoas e atendê-las**.

Com 16 anos, solteira, resolvi dividir o aluguel com uma amiga em um bairro um pouquinho mais desenvolvido do Rio de Janeiro. Tinha finalmente conseguido sair da favela. E, claro, eu aproveitava para aprender com tudo o que via, ouvia, fazia de novo. Como uma esponja!

Como o dinheiro era pouco para bancar uma faculdade, fazia todos os cursos possíveis. Datilografia e enfermagem estavam na moda, mas como eu não podia pagar os materiais didáticos era difícil terminar. Eu passara a trabalhar como secretária, então estava aprendendo a usar computador, que era novidade.

Neste momento da minha vida, a urgência por aprender e conseguir aplicar o que descobria era constante. Meu grande foco estava em descobrir meus gostos e talentos, sem que para isso precisasse me comprometer a longo prazo. Conhecia pessoas mais velhas, com histórias diferentes da minha e dispostas a compartilhar suas experiências comigo, e eu absorvia tudo que me ajudasse a me desenvolver.

Esse foi um tempo importante. Ter a liberdade de navegar pelo mundo, coisa que raramente nos permitimos fazer. Quantas vezes você não colocou limitadores quando poderia, simplesmente, experimentar? Quando foi a última vez que resolveu sair da sua bolha, dos círculos que costuma frequentar, e ir conhecer como são os outros?

Essas experiências são importantes. Por meio delas, criamos parâmetros. Começamos a perceber como são os diferentes comportamentos das pessoas quando têm outras idades e outras prioridades.

O medo também ensina

Enquanto reunia todos esses aprendizados, fui vítima de algo que acomete muitas pessoas, em diferentes momentos da vida. Seja na hora de começar um novo projeto, seja ao entrar de cabeça em um relacionamento: o excesso de confiança e a falta de olhar crítico.

Ainda menor de idade, eu me sentia muito corajosa e dona de mim! Não gostava de sentir medo, por pensar que ele só servia para nos paralisar e tornar covardes. Até que passei por uma das situações de maior medo e aprendi que esse sentimento também tem seu lado bom: **o de nos fazer calcular os riscos daquilo que desejamos fazer**.

Resumidamente, foi quando achei que morreria ou sofreria uma violência, e passei uma noite inteira me apegando a todos os santos e até "conversando" com a minha mãe e irmão falecidos. Resolvi voltar, com um grupo grande de pessoas, a uma praia que havia conhecido anos antes apenas com uma amiga, que na época era tão imprudente quanto eu.

Maravilhosa, paradisíaca, chamada de Praia do Meio por ficar entre outras duas maiores. Chegar a essa praia exigia atravessar uma montanha e seguir uma trilha pela mata. Propus a essa amiga que passássemos a noite de um sábado para domingo admirando o pôr do sol e as estrelas. Mochilão nas costas. Cangas para esticar na areia. Assim nós fomos — e que loucura!

Eu não pesquisei antes, tampouco minha amiga, para avaliar como estava a frequência de turistas naquele período. Nem tínhamos um mapa exato de onde a praia ficava. Se pegássemos qualquer trilha errada, poderíamos parar sei lá onde. Primeiro, nos sentimos megarrealizadas por termos achado o nosso destino. Em compensação, já escurecendo, nos demos conta de que partilhávamos o local com traficantes da pesada.

Não tínhamos nem uma barraca para passar essa noite. Foi uma aventura realmente sem juízo, mas aprendi bastante com isso. Passei a madrugada acordada, temendo não chegar viva no dia seguinte. Se aqueles homens resolvessem cometer algum tipo de violência conosco, quem mais nos encontraria?

Os traficantes nos chamaram para um luau e nos ofereceram droga, mas tínhamos sido orientadas por um rapazinho que eu chamo de anjo (em toda nossa vida existem pessoas que fazem esse papel) para negarmos sem expressar susto, numa linguagem próxima da deles. E como eu havia morado numa favela, estava habituada ao vocabulário e à entonação comum àquele grupo.

Foi uma grande lição que levo para tudo em minha vida: meus negócios, minha família, meus clientes, minha saúde... Ser corajosa, sim; imprudente, não. Mentalizar só coisas boas, para atrair anjos, experiências e soluções, sem deixar de proteger nosso bem maior, que é a vida. Não sou imbatível, nem infalível como eu imaginava ser antes de viver esse momento. Porém, aprendi a ler os ambientes nos quais me insiro.

Analisar, planejar, atualizar suas informações ao máximo e avaliar os riscos. O medo pode ser um aliado para manter sua atenção mais ativa e ajudá-lo a crescer e se desenvolver, a se preparar para as situações que deverá enfrentar. O risco não calculado pode transformar negativamente aquilo que antes era fonte de prazer e experiência positiva. Sentir medo é uma coisa, ser medroso é outra.

Vontade de ter conquistas próprias

A experiência na praia me deixou aterrorizada, ao mesmo tempo que me fez refletir sobre os caminhos que eu poderia ter seguido. Quantas histórias não conhecia de mulheres envolvidas com bandidos? Ou que acreditam que sua esperança seja encontrar algum turista que as tire de sua realidade, aproveitando o fato de vivermos na cidade brasileira mais visitada por estrangeiros?

Eu conhecia pessoas bem-sucedidas e sabia que elas poderiam me ajudar. No entanto, sempre pensei o seguinte: "Gente, não quero seguir a estrada que outra pessoa conquistou. Quero brindar minhas próprias conquistas".

Meu pai me ensinou a importância de conhecer todo mundo, de tratar bem todas as pessoas, independentemente de credo, classe ou filosofia de vida. Contudo, ele reforçava:

— Conheça todo mundo, mas não se envolva se não for o que você quer.

Eu gostava desses valores e, ao longo da minha história, fui constatando quanto eu gostava e gosto de gente, de entender suas motivações, necessidades e a maneira como viviam. Realmente, conhecer pessoas com diferentes habilidades, em situações diferentes, evitando julgar, permite articular projetos em prol de algo maior, encontrar soluções que beneficiarão as pessoas e também a mim e a você.

Como você vê, jamais culpei meu pai nem ninguém pelo que não tive. Ouvia e agradecia pelo que recebia de positivo, pois era isso que me permitia subir degraus. Aproveitei absolutamente tudo que puderam me dar. Tudo. Com gratidão e respeito às minhas origens.

Só que eu não queria somente aquilo. Da mesma maneira que acreditei que poderia conquistar mais do que tinha, espero que você também coloque essa energia na sua vida. Pois a insatisfação nos impulsiona à realização, à luta por tudo aquilo que nos trará mais felicidade, autoestima e força.

VEJA ALÉM

Lembre-se de que você sempre pode mudar o foco da sua visão. Em vez de ver apenas tudo o que está faltando, direcione sua atenção à sua capacidade de se movimentar, fazer conexões e encontrar oportunidades. Seja grato pelo que já possui, mas use seus incômodos como alavanca para trilhar seus próximos degraus e realizar as próprias conquistas.

capítulo 2

Os tombos se tornam aprendizados

Eu tenho esta visão: tudo que acontece na nossa vida é importante, até o que dói ou não gera prazer. Você pode não entender no momento, mas verá sua ficha cair depois. E a melhor maneira de lidar com situações que nos tiram do equilíbrio é parando um pouquinho, pensando a respeito e decidindo se você quer viver o que está doendo ou se quer se curar.

É possível avançar ou se boicotar conforme seus pensamentos. A gente cresce ouvindo falsos decretos, do tipo: "Você não pode querer tudo" ou "Você sonha alto demais". No fundo, estão dizendo que aquilo é difícil ou que não é para o seu bico.

Quando meu pai me chamava de sonhadora, por eu me imaginar bem longe de onde morávamos, numa casa linda e confortável, era pelo receio de que a filha amada dele se frustrasse, se magoasse por não conseguir realizar o que desejava.

Pura proteção! Tudo bem, eu entendia isso e relevava. Só que muita gente não entende e bloqueia sua capacidade de melhorar, desiste de questionar, acomoda-se quando deveria incomodar-se. Qual o problema de sonhar alto? Essa história de "Eu preciso ser mais realista" acaba fazendo com que muita gente ande para trás.

É o mesmo que insinuar que "Isso não é para você".
Como assim, se foi você quem escolheu?

Pode ser difícil de alcançar, mas vá lá, trilhe, dê seu jeito de chegar. Uns têm condições de desembarcar no Caribe viajando na primeira classe do avião. Outros acham outro jeito: por terra, pelo mar, até de carona na garupa de uma moto.

Se você passou mais tempo pensando no que não daria certo, embaçou seu olhar para as possibilidades de *como* viabilizar o alcance do seu objetivo. E essa quantidade de energia despendida foi exatamente o canal que você abriu na sua vida para não dar certo.

Devemos ficar atentos para não alimentar crenças limitantes, temendo que aconteça algo ruim, duvidando da nossa capacidade. A menos que você tenha coletado fatos concretos que mostrem que você precisa de outros elementos para perseguir seu plano, não pare antes mesmo de começar. E se identificou deficiências em seu projeto, invista energia para resolvê-las: Qual outro caminho você pode percorrer? O que pode articular para fazer acontecer?

Boas lições de quem é líder

Em meu primeiro emprego formal, como revendedora de joias, tive uma gerente extremamente exigente com o atendimento, e eu gostava muito do estilo dela. Uma mulher de personalidade forte, elegante, era uma líder. E me ensinava pelas suas atitudes. "Como é que não vendeu?", "Vendeu só uma peça?" ou ainda "Mostrou o anel, mostrou o cordão, mais isso e aquilo?". Ela sempre acreditava que os resultados poderiam ser melhores e que devíamos oferecer mais aos nossos clientes.

Inspirada por profissionais como ela, eu me via lá na frente. Pensava: "É parecido com o que eu quero ser!". Eu não me espelhava nas outras vendedoras, mas sim em quem era líder e em quem mais eu achasse incrivelmente bom, quem tivesse diferenciais e mostrasse como eu poderia melhorar meus resultados. Todos nós precisamos de exemplos assim, pessoas que nos tiram da zona de conforto, que nos incentivam a realizar mais e melhor.

Essa gerente foi extremamente importante na minha trajetória. Primeiramente, porque me deu uma oportunidade. Era meu primeiro emprego, ainda não tinha carteira de trabalho e era menor de idade. Ela enxergou um potencial em mim, o meu desejo de ir longe; e, a partir disso, eu começava a formular o quebra-cabeça do que significava gerir um negócio, uma equipe e, o mais importante, como atender as pessoas de maneira assertiva.

Quis mudar quando percebi que não tinha mais como me desenvolver ali. Nessa linha de procurar outros ares, conheci muita gente no centro comercial de Madureira, zona norte do Rio de Janeiro. Experimentei vários tipos de comércio — sempre lidando diretamente com pessoas e com vendas. De joias passei a roupas, depois a sapatos, a brinquedos...

A fase dos brinquedos e presentes importados foi interessante. Muitos pensavam que os produtos vinham de Orlando, de Miami, de Paris. Na verdade, eram "*Made in Paraguai*". Gostei de trabalhar com esses itens porque eram faturados em dólar. Tive de aprender a converter para nossa moeda e comecei a ver lucratividade naquilo. Como eu vendia, sabia qual era a margem de ganho. "Puxa, 200% em cima! Isso é legal."

Só que estava fazendo continha de padaria. Caí numa armadilha bem comum: passei a acreditar que o dono da loja estava ganhando "rios" de dinheiro, quando, na verdade, eu estava confundindo faturamento com lucro real, que é o que sobra depois de saldar as despesas.

De fato, ainda não tinha a mínima noção do risco que é ter um negócio e da quantidade de impostos que os empreendedores pagam. Agora eu sei o que é saldar tudo e todos; e descobrir, só no final, se sobra algo para você — quando gere com responsabilidade.

Como sempre fui agitada e expansiva, nunca me contentei em fazer somente aquilo para o qual fui contratada. Acabava sempre realizando mais tarefas, oferecendo ajuda e me envolvendo com o processo. Com isso, ia ganhando experiência — e esse era o meu objetivo.

Não dava para ficar parada esperando que os clientes entrassem na loja. Chegou mercadoria? Recebia a caixa, abria, aprendi a usar a maquininha de botar preço e lançar no computador. E como é que fazia isso? Não sosseguei enquanto não aprendi.

Ser correta e respeitada

Sempre me preocupava muito em fazer o meu trabalho e em receber o respeito das pessoas. Como eu havia crescido em favela, sabia que precisava ter uma atitude diferente para não ser rotulada pelos estereótipos que, infelizmente, estão presentes em todo lugar. Eu não queria ser discriminada, então procurava ter uma postura que não desse espaço para ninguém vir com segundas intenções.

Bem jovem e de boa aparência, eu sabia dos julgamentos que poderiam vir. Pensava: "Vai atender um casal? Não olha muito para o homem, e sim para a mulher. Assim, não gera ciúme e outros problemas". Mesmo assim, passei alguns apuros no início de minha carreira.

Quando fui recepcionista numa ótica, por exemplo, a mulher que me contratou sentia ciúme de mim por causa do marido, que era oftalmologista e atendia no consultório acoplado. Um dia, eu estava distraída, limpando os vidros (sim, além de receber os clientes, eu e minhas colegas tínhamos que limpar o espaço) para deixá-los impecáveis antes de abrir a loja, enquanto o casal parecia ter uma conversa tensa. O papo não me interessou nem um pouco... até ouvi-la pronunciar meu nome:

— Se fosse a Jane perguntando, você teria respondido.

Fingi continuar limpando o vidro, mas preocupada. O homem era caladão, sério, na dele, vivia dentro da sua salinha. Eu só o encontrava quando levava alguma cliente lá; e, juro, nunca olhava na minha cara ou me dizia nenhuma besteira. Não sabia meu nome, nem eu o dele. Mesmo assim, passei a me sentir perseguida nesse ambiente desde aquela conversa.

Para completar o meu descontentamento, um tempo depois houve um desentendimento entre mim e outra recepcionista, bajuladora. Ela se incomodara por eu ter colocado um pano de chão no balde com água sanitária. Uma gerente me defendeu, na hora, mas, no dia seguinte, pedi demissão. Não queria prejudicar a gerente, que tomou minhas dores. Afinal, eu sabia que o verdadeiro problema não era o pano, e sim o ciúme escondido naquela atitude.

Eu não estava disposta a brigar por um lugar no qual as pessoas não me enxergavam pelas minhas verdadeiras capacidades. Essa decisão de sair é muito importante, pois ambientes como aquele são corrosivos, drenam a sua energia e o desmotivam. Talvez você já tenha enfrentado esses sentimentos.

Pensa que eu estava calma? Saí da ótica e fui batendo de loja em loja em busca de vaga. Eu não podia ficar sem trabalho. Quase não passeava ou tinha vida social, porque precisava fazer dinheiro para saldar, com a minha amiga, despesas de aluguel, comida, prestações da tevê e de um guarda-roupa — essas coisas que a gente adquire aos pouquinhos quando começa a vida longe das asas dos pais.

Ir além do que foi pedido

Deixar meu currículo deporia contra, era a minha impressão, por mostrar que fiquei apenas alguns meses em cada emprego. Eu mesma, quando contrato pessoas hoje e pego um histórico assim, penso logo: "Ih, essa está perdida, não sabe o que quer".

Então, minha estratégia era entrar e perguntar, sorrindo:

— Oi, tudo bem? Estão precisando de uma vendedora simpática, feliz para vender muito nesta loja?

As pessoas gostavam do meu perfil, sorriam também, mas muitos agradeciam. Recebi muitos "Por enquanto, não", até que um sujeito me surpreendeu:

— Você pode fazer um teste de Matemática?

— O.k., vamos lá fazer o teste — respondi, disfarçando a fome de quem ainda não havia almoçado.

Quiseram checar se eu sabia fazer contas. Estava faminta, mas a cabeça ainda funcionava. Fiquei ligando por três dias consecutivos, ansiosa por um "sim". Era a época do Teletrim (dispositivo de mensagens). O celular que começava a surgir era daquele tipo tijolão.

Numa dessas ligações, finalmente a resposta: passei no teste, fui chamada, e um novo mundo se abriu para mim. Era uma perfumaria. Havia também outros setores, de panelas a copos, mas eu trabalharia com os produtos de beleza.

Entrei como reforço extra para o período de Natal, sem garantia de emprego depois. Por isso mesmo, me dedicava ao máximo, acima do que pediam. E como eu me garantia muito como vendedora, estava confiante de ser efetivada. Nem perguntei qual era o salário, por saber que não me pagariam menos que o mínimo, calculado com base em uma meta de vendas.

Fui informada de que, se eu não atingisse minha meta, a loja cobriria dando uma comissão de 3% sobre o que eu vendesse. Na prática, quem não fosse capaz de "fazer" o próprio salário estava fora. O.k., entendi. Vamos começar.

Sabe as cestinhas de supermercado? Cada vendedora botava seu nome em três e ia para a entrada da loja oferecer às pessoas que chegavam, incentivando-as a encher suas cestas de compras.

Para começar, eu vi cestinhas extras num canto, sem nome, e coloquei debaixo do braço. Sendo assim, atendia seis pessoas por vez, em vez de três. As outras vendedoras ficavam esperando as pessoas entrarem na loja para abordá-las. Eu ia um pouco mais à frente, quase na calçada, e não me contentava enquanto não distribuísse minhas seis cestas. Quando terminava minha distribuição atendia uma pessoalmente.

O que eu ganhei além de dinheiro? Inimizades. Nenhuma vendedora ia com a minha cara. Eu era vista como aquela que apareceu no melhor mês para vendas e tirou a possibilidade de as antigas ganharem mais comissões nesse período de festas. Foi terrível, porque elas não me falavam nada do que eu precisava saber.

Nesse emprego, fiquei um pouquinho mais de tempo: o primeiro em que consegui tirar férias. Eu tinha muito a aprender e estava motivada. Nessa loja trabalhava muita gente; e o dono, seu Júlio, ainda administrava outros pontos. Um dia, depois de dizer que queria conhecer "essa Jane", uma funcionária próxima dele me avisou:

— Olha, seu Júlio quer te conhecer.

Fiquei lisonjeada! Ele pediu a minha colaboração, me elogiou, falou que eu era ótima vendedora. Seu jeito sereno de se comunicar, com um sorriso no rosto, me cativou. Depois de me dar os parabéns, coisa e tal, emendou:

— Conversa com as clientes para comprarem de alguma colega sua também. Porque elas só querem ser atendidas por você.

Achei o máximo que ele pedisse a minha ajuda para melhorar o desempenho daquelas que me rejeitavam. Eu era boa vendedora mesmo, e ágil, do tipo que faz muitas coisas de uma vez. Mas com isso arrumei um probleminha. Ele também pediu para eu cuidar da limpeza da sala dele, sem ganhar nada a mais. Hoje, se eu faço isso com os meus funcionários, me colocam na Justiça, e com razão.

Nessa loja, todas as treze vendedoras tinham que dar conta de tudo. Cada uma tinha o seu dia de lavar o banheiro e limpar o refeitório, por exemplo. Fora isso, fazíamos a reposição de mercadoria. Como responsável por seis seções de perfumaria, eu não podia me esquecer de repor o que havia vendido, realizando o pedido e fazendo descer do estoque para colocar no lugar. Não antes de limpar cada seção. Não podia ter poeira ou desordem.

Aprendi a ser muito mais organizada de tanto arrumar seções. Só que as outras tinham em torno de duas ou três, quando eram pequenas, enquanto eu tinha seis, que fui acumulando para elevar minhas vendas. O que eu fazia? Não tirava todos os produtos para limpar, exceto as duas fileiras mais visíveis. Assim, ganhava tempo para vender.

Rápida no gatilho, quando via cliente entrando, corria para entregar minha cesta e voltava a agitar o espanador. Mantinha um olho nas seções e outro na porta da loja, porque eu fazia dinheiro com aquilo. Visão 180 graus para não perder nenhuma chance de venda. Foi o emprego com a melhor remuneração que tive — eu ganhava quatro vezes o mínimo.

No buraco da contaminação

Havia um gerente muito sério, que certa vez foi averiguar como estavam as minhas seções. Passou o dedo num produto lá no fundo e me mostrou a sujeira de pó. Era o recado para eu limpar um a um, sem exceção, e não caprichar apenas nos da frente.

Admito que "maquiava" a limpeza. Nunca reclamei por ter mais seções. Porém, quando ele me fez passar um dia inteiro limpando tudo, fiquei muito brava. Não consegui vender nada. Tirava o vidro, ia até o final da loja para lavar, voltava. Falei:

— Por favor, pode me mandar embora.

— Mas, por quê? — Esse gerente perguntou.

— Não quero mais ficar. Eu tenho seis seções; o pessoal tem duas ou três, no máximo. Eu limpo a sala do seu Júlio. E ainda dou um trato no refeitório, quando é o meu dia. Se eu não vender, não tenho dinheiro. E hoje tive um dia perdido.

No dia seguinte, ele colocou as outras doze vendedoras para fazer o que eu fiz. E eu fiquei sozinha nas vendas. Adivinhe quantos amigos eu fiz? Pois é. Comecei a ficar mal com isso. Pudera. Com 17 anos, sentia falta de uns amiguinhos para rir, conversar, passear.

Daí, comecei a fazer algo inédito: parar um pouco na hora do almoço. Tinha esse direito, mas não usava, por raciocinar que perderia tempo de ganhar comissões. Deixar de vender para tirar tempo de descanso? Descansar para quê? Nem me sentia cansada.

Para me aproximar, resolvi agir como as outras vendedoras e fazer o intervalo. Nesse momento, permiti que conhecessem meu lado humano e percebessem que não era uma leoa querendo roubar o espaço alheio. Estava garantindo a minha comissão, precisava dela igual a todas. Começar a tirar hora de almoço, no final das contas, teve um efeito colateral inesperado.

Que lição para mim! Como eu morava só com minha amiga, comecei a convidá-las para virem à nossa casa nos fins de semana, depois do trabalho. Todo mundo levava um pouquinho de alguma coisa, e curtíamos uma festinha à americana. Era muito divertido. Mas a gente não pode ter tudo, não é? Para ter uma coisa, tem que abrir mão de outra.

Perdi o foco do que eu estava fazendo por ouvir detalhes decepcionantes sobre os bastidores da loja. Foi como se um lado negativo, sombrio tivesse sido descortinado na minha frente. Comecei a me contaminar com questões que até aquele momento não faziam a menor diferença.

Por exemplo, nunca imaginei que o dono, seu Júlio, recebia produtos de bonificação de várias empresas que vendíamos e ficava com tudo só para ele (quando deveria dar às vendedoras). Fiquei sabendo ainda que fulana foi mandada embora abruptamente, que sicrana havia entrado com processo contra a loja...

Só que eu nunca tive meu salário atrasado. Recebia meu dinheiro direitinho. No entanto, acabava me abalando com aquelas notícias, por estar num meio social com pessoas que aparentemente se importavam comigo.

Por querer ser aceita, concordei com a indignação das colegas e abri a guarda para essa energia pesada, que me levou para um buraco.

Não conseguia mais ter a mesma performance. Só atendia o que vendedores chamam de "cliente caroço", aquele que não compra nada. Não desenvolvia as vendas com a facilidade de antes. Tinha dia em que mentalizava: "Hoje vai ser um grande dia, megapositivo". Pena que meu poder mental havia sido minado pelas conversas negativas!

Já me sentia lesada trabalhando ali, e isso prejudicou minha produtividade. Diretamente. Meu resultado foi caindo, caindo, ao ponto de, pela primeira vez, discutir com uma cliente e ouvir:

— Ô, sua neguinha dos olhos verdes; eu vou te pegar lá fora e cortar na navalha.

Fiquei como? Tensa com a ameaça. Apesar de morar no morro, onde havia violência, não sabia brigar, era da paz. Como havia elevado meu meio social, pedi proteção às colegas para sair da loja acompanhada no fim do expediente. Mais desconfortável ainda era a própria situação de não vender nada e nem conseguir reverter aquilo.

Penso o seguinte: melhor do que entrar em algo é saber o momento de sair. Seja do emprego, seja do relacionamento amoroso. Onde não há sentimento positivo e prazer, acaba sobrando espaço para nascer ódio e ressentimento.

Enfim, sócia de loja!

Estava sem trabalho, de novo. Resolvi visitar uma conhecida nesse mesmo centro comercial, a Nalda, para me passar o tempo e ver como estava seu negócio. Ela foi mais um anjo que surgiu na minha vida. Tinha uma lojinha, no segundo piso de uma galeria, cheia de mercadorias numa linha que fazia sucesso na época, a de brinquedos e presentes importados.

Entravam e saíam clientes o tempo todo — não juntos, porque o espaço era realmente estreito, quase um corredor. A loja era bem sortida de produtos — digamos que lembrava um camelô. Como vendedora, eu olhava aquilo e achava tão interessante, chamativo! Aliás, várias lojas de bijuterias começaram a migrar para itens importados, devido ao câmbio do dólar estar favorável.

Estamos falando de um período de troca de moeda, quando o real ficou mais emparelhado com o dólar, viabilizando um bom lucro para os comerciantes com importação. Era o caso da Nalda, que tinha pouco mais de 50 anos e sempre fora vendedora. Contei que estava procurando trabalho, ouvi sobre sua rotina e tive o estalo de sugerir que ela mudasse para uma loja maior. Então ela me disse:

— Mas como é que eu vou sair daqui? Aluguel de loja é caro, e ainda tem a luva...

— Vamos ser sócias? Eu arrumo a loja.

Eu estava lisa, sem dinheiro e mercadorias. Contava com a minha forte veia empreendedora, embora ainda não soubesse definir isso.

— Vamos fazer assim: você entra com as mercadorias, eu vou arrumar um ponto bem localizado nesse centro comercial fervoroso de Madureira.

Usei meu conhecimento, claro. Eu trabalhava naquele ambiente desde meus 13 anos, sempre na trilha de ser uma trabalhadora, não para tirar vantagem de ninguém. Só que os espaços todos estavam preenchidos. Até que tive o *insight* de procurar o seu Antônio. Conhecia a história dele por intermédio da vendedora de uma de suas lojas, que comentava comigo:

— Nossa! Ele já foi muito bem-sucedido.

Ela referia-se à sua rede de lojas que já funcionara como âncora no bairro, igual às Lojas Americanas. Chamava-se Seda Moderna. Vendia principalmente tecidos, dentre os quais a seda era o carro-chefe. Acontece que as vendas foram minguando, e outros tipos de mercadoria chegando às prateleiras e araras, de roupas e sapatos a utensílios de cozinha.

Com essa mistura, a loja perdeu sua identidade. Os pontos é que continuavam excelentes. Eu o chamei para conversar na rua mesmo. Não tinha essas intimidades de convidar, "Vamos ali tomar um café?". Até porque meu pai dizia que quem chama dá banquete, e eu não poderia pagar o café dele. Além disso, tratava-se de um português boa-pinta, e eu queria que me levasse a sério, no auge dos meus 19 anos.

Lembra que meu pai me chamava de sonhadora? Seu Antônio me chamava, brincando, de maluca. Ele se referia a uma maluquice do bem, porque eu fazia coisas que uma pessoa mais madura talvez não ousasse. Como pensar: "O máximo que ele vai poder falar será 'não', então vou perguntar". Mirei numa das lojas nas quais tinha interesse em entrar, apontei um canto que estava vazio e lancei:

— Naquele espaço ali da sua loja, quanto arrecada por mês?

Ele não entendeu a pergunta, então repeti:

— Naquele espaço ali da loja, qual é o seu faturamento mensal vendendo as mercadorias?

— Nada.

Bingo! Para a minha pergunta, somente cabia essa resposta. Não tinha biombos ali, nem expositor, araras, gente circulando. Para quem não estava tendo nada, valia a pena tentar algo diferente, concorda? Eu o fiz pensar como homem de negócios, comerciante experiente, e consegui negociar um valor baixo de locação daquele canto com o apelo:

— Que tal receber x por mês? É muito melhor do que nada.

— Gostei! Para fazer o quê?

— Ah, eu vou dividir o espaço e botar ali umas mercadorias que eu tenho.

Já era meu! Fiz de um jeito que parecia uma loja menor dentro da dele, pois o tipo de mercadoria era completamente diferente. Cercamos com divisórias e finquei nosso espaço naquele ponto maravilhoso. Portanto, sem nenhum real, eu tinha uma loja, uma sócia batalhadora como eu, um lote de presentes e brinquedos — e, pela primeira vez, aos 19 anos, assinava a carteira de uma funcionária.

Fiz grandes descobertas sobre como lidar com pessoas. Era o *meu* negócio, estava botando ali toda minha energia e atitude empreendedora. Comecei a querer implantar ideias, mas precisava dividir tudo com uma sócia. E senti muita dificuldade de compartilhar, de convencer sobre o que eu acreditava — e, principalmente, de receber negativas.

Eu passava a mão no cabelo enquanto pensava "Isso vai ser difícil", assim que minha sócia, acostumada a trabalhar de outra forma, dizia as fatídicas frases "Isso não dá", "Aquilo não pode" ou, então, "É melhor não mexer".

Não que eu não consiga ouvir. Estou sempre aberta a aprender e curiosa para saber o que ainda não sei. Entretanto, tinha algumas visões próprias e desejava colocá-las na mesa das decisões. Por ser mais jovem, tinha maior ímpeto de arriscar do que a minha sócia. Também menos vícios, por fazer a mesma atividade durante menos tempo.

A Nalda é uma mulher incrível, que admiro demais. Mal sabia escrever, mas também tinha essa veia empreendedora. Saiu do lugar onde foi empregada por anos, botou todo o seu dinheiro na própria loja, lida bem com gente, é muito simpática. Nunca mais fechou as portas.

Ideia boa é copiada

Nossa loja ficou abarrotada de mercadorias, ou seja, nosso estoque cresceu. E seu Antônio achou o fio de que precisava para dar uma virada de chave no seu negócio também. Dividiu o espaço dele em muitos biombos e sublocou os pequenos espaços, depois que viu ser melhor do que ter funcionários e fornecedores. Passou a ser locador.

Mais pessoas fizeram igualzinho a ele em outros centros comerciais, e eu me senti orgulhosa de ter protagonizado esse movimento.

Foi mais vantajoso ainda para uma legião de vendedores que, antes, ficavam nas calçadas gritando: "Olha a sombrinha! Vai chover!" Eu já fiz tanto isso em Madureira! Vendia demais soltando a voz. Até que era gostoso! Na última vez que passei pelo bairro, comentei com jornalistas:

— Gente, era aqui que eu ficava na porta, gritando.

Já mudou tudo de novo. Essa grande loja voltou a ser única, sem os biombos. Atualmente, está muito bem montada, com foco em roupas e acessórios de moda. Seu Antônio faleceu.

Resumo da ópera: não chegou a um ano a minha história nessa empreitada. Quando tive certeza de que não conseguiria implementar as minhas ideias, do mesmo jeito que eu entrei, eu saí da sociedade com a Nalda. Não sem antes orientá-la sobre a parte administrativo-financeira, que eu dominava bem.

— Nalda, tô indo!

Não quis levar nada. Nas minhas conversas internas, eu só dizia que a loja estava indo bem, pois reinvestíamos o lucro. Se eu não me sentia satisfeita, era bem mais nova do que a minha sócia, portanto com mais facilidade e fôlego para recomeçar, experimentar qualquer coisa. Eu fiz parte daquilo, com certeza, mas não ia me fazer bem conviver com a sensação de ter tirado algo da amiga que me chamava de irmã.

Vivemos essa história juntas, e foi muito gostoso. A amizade continuou. E eu voltava para bater papo, saber das novidades, ajudar no que ela precisava, orientar sobre como desenrolar algum problema. Eu a lembrava de que...

... tudo acontece na vida para a gente decidir o que quer e aprender algo. Não é sorte, é o que você atrai com seu poder mental.

E olha o que eu atraí: o interesse do seu Júlio para eu voltar à perfumaria como gerente comercial. O convite não podia ter vindo numa hora melhor! Sim, uma promoção, justamente naquele lugar onde tive colegas que queriam me fuzilar com os olhos, mas que, depois, passaram a me respeitar e me proteger. Mas a equipe inteira havia mudado. Só gente nova, que eu não conhecia.

Orgulhosamente aceitei. Ele havia expandido os negócios para mais duas lojas. E, daí, eu ajudava a fazer dinheiro com elas. Posso dizer que essa atividade deu uma reviravolta na minha vida. Para melhor, como você saberá no próximo capítulo.

VEJA ALÉM

Tudo o que acontece em sua vida pode gerar grandes aprendizados e servir como porta de entrada para novas oportunidades. Seja a perda de um emprego, seja um resultado muito aquém do esperado. Aproveite este momento para olhar ao seu redor e se perguntar: O que posso fazer diferente? Que novas abordagens posso tentar? Se não é dinheiro, quais outros recursos eu tenho nas mãos? Ideias? Experiências? Exemplos? Coloque sua mente, sua energia e sua criatividade para focar no resultado positivo que você almeja.

capítulo 3

A descoberta do mundo da beleza

SABER QUAL É O SEU MAIOR TALENTO, O QUE FAZER PROFISSIONALMENTE, como aliar satisfação pessoal com ganhar dinheiro. Muitas pessoas levam muito tempo para chegar a essas respostas, e há quem fique justificando que é por falta de oportunidade, de berço, de recursos, como uma boa faculdade. Por experiência própria, garanto que isso tudo não impede ninguém de achar seu caminho profissional e vencer nele. Muito melhor é usar as dificuldades como trampolim para içá-lo para longe e para o alto, sem se abater.

O ensino formal tem muito blá-blá-blá que depois você não vai aplicar em sua vida. Quanto tempo passamos aprendendo coisas que nunca vamos usar? Que só decoramos para fazer provas? Quem confia apenas em diplomas acaba limitando sua visão do que o mercado, o público e você mesmo desejam comprar e vender. Sou uma empreendedora bem-sucedida naquilo que escolhi, e inicialmente meu aprendizado não veio do meio acadêmico.

Eu fiz até o ensino médio e não tive condições financeiras e familiares de continuar os estudos, além de não ter a mínima ideia do que poderia fazer ou ser, e isso foi o que mais influenciou, na verdade. É muito comum entre os jovens, ao terminarem o terceiro ano, ainda não saberem qual carreira seguir. E nem era porque nada me encantava, e sim porque eu gostava de tantas coisas! Tudo parecia ser legal, interessante, produtivo, necessário, útil e lucrativo. Continuei trabalhando, e o universo foi me dando as opções.

Os conhecimentos que eu aplico foram brotando da prática num comércio popular e maravilhoso, da proximidade com os consumidores e, principalmente, do meu olhar externo (para as oportunidades) e interno (para identificar o que eu mais gostava de fazer). À medida que surgem as necessidades, busco o que preciso para atendê-las recorrendo ao que estiver disponível. E eu enxerguei claramente, com 19 anos, que embelezar as pessoas, começando por mim mesma, era o que mais me realizava na vida.

E você, já treinou seu olhar para (se) descobrir?

De moleca a aprendiz sobre vaidade

Eu amo colocar cílios postiços, fazer maquiagem, soltar o cabelo, usar saltos bem altos, me montar. É como brincar de boneca comigo mesma. Mas nem sempre foi assim. Na minha infância, eu era uma moleca, mais parecida com os meninos. A minha referência de brincadeiras era o meu irmão, apenas um ano mais novo do que eu, e eu costumava seguir os amigos dele.

Subia em árvores, jogava bola e tinha machucados nas pernas como eles. Eu liderava a turma (cerca de vinte crianças) na tarefa de quebrar galhos para fecharmos a rua, assim podíamos nos divertir nela revezando com um par de patins e uma bicicleta.

Para cortar o cabelo, eu não ia a um salão de beleza, e sim à barbearia que meu pai conhecia. Nosso corte era bem baixinho, inclusive por causa dos piolhos que insistiam em nos "visitar". Só que eu fui crescendo, me tornando uma mocinha e percebendo que não era citada como bonita, ao contrário das minhas coleguinhas. Certa vez, conhecendo uns parentes, alguém bateu nas minhas costas dizendo:

— E aí, meninão!

Meninão? Eu achei aquilo muito estranho. Pensei: "Poxa, eu não quero ser menino". Foi aí que eu decidi desenvolver o meu lado feminino, começando por deixar meu cabelo crescer. Com certeza, puxei à minha mãe. Entre as coisas bacanas que sei dela, eu me lembro de que era uma mulher vaidosa.

A pele da minha mãe era negra, que chamamos de fototipo[2] seis. Como a do meu pai era branca, eu sou a mistura, esse mais ou menos que chamamos de fototipo três.

Esta é a técnica que utilizo na colorimetria para definir qual o melhor pigmento às sobrancelhas de cada pessoa e evitar aquelas cores terríveis, como algumas verdes ou azuis que vemos por aí.

Para essa filha saudosa, ela era a mais bonita negra fototipo seis! Não tive tempo de conhecê-la a fundo, então me apego a momentos que ficaram registrados na minha mente. E me lembro de situações como suas broncas para que meu pai não saísse na rua de um jeito desleixado:

---

2. Fototipo é a classificação numérica (de um a seis) para a coloração da pele em reação à exposição solar, com base na escala Fitzpatrick, criada pelo médico norte-americano Thomas B. Fitzpatrick, em 1976. (N.A.)

— Ô, Zezinho, você não vai sair do meu lado desse jeito, não. Pode ir se arrumar.

Isso porque ela se "emperiquitava" toda, punha roupinhas charmosas, botava saltinhos. Isso mesmo. Para caminhar de saltos pelo morro, que era onde ficava nossa casa, ela devia ter um equilíbrio e tanto. Ruas de chão batido, que nunca viram asfalto. Exigia aprender a andar na planta do pé, para não afundar o salto. É como andar na areia.

Quanta falta minha mãe fez para me ensinar sobre vaidade! Como você já sabe, eu a perdi aos 8 anos. E a minha irmã, de 13, teve de assumir a responsabilidade da casa e dos irmãos menores como "filhos". Meu pai foi sempre muito trabalhador e às vezes passava a semana inteira fora em empreitadas, voltando somente na sexta-feira à noite. Como ela não era vaidosa, e nem tinha tempo para pensar nisso, eu tentava saber como as coleguinhas que eu achava bonitas se cuidavam.

Mas minha maior influência vinha das atrizes da televisão. Pensava: "Nossa, que linda ela é. Que cabelo, que maquiagem, que roupa!". Claro, eu passei a desejar ser assim. Sem condições de ir a um salão de beleza, levando uma foto delas e dizendo "quero igual", fui desenvolvendo minhas habilidades e criatividade nas receitas caseiras de beleza.

Eu não sabia a diferença entre xampu e condicionador. Usava no cabelo sabão de coco, quando dava. Às vezes, era aquele de lavar roupas mesmo. No comecinho do mês, quando meu pai recebia o salário, aparecia um sabonetinho daqueles mais baratinhos para passar em tudo, dos pés à cabeça. Não tinha condições de comprar as maravilhas dos anúncios, mas fazia meus balangandãs para ficar bonita.

Com a babosa (mais conhecida hoje como *Aloe vera*) e o abacate que tinha no quintal de casa, por exemplo, criava meus próprios cremes. Silicone no cabelo era privilégio de gente nobre; para mim, ainda não dava. Eu passava abacate batido, ovo, até óleo de cozinha, para dar brilho e maciez. Queria brilhar. De qualquer jeito.

Abrindo o dia com energia e alto-astral

Um dia apareceu na televisão uma chamada do tipo "lama deixa a pele muito mais bonita". Sem atinar que se tratava da medicinal (argila), o que eu fiz? Depois de uma baita chuva, que havia formado um lamaçal fora de casa, peguei um pouco dessa terra e lambuzei todo o rosto, acreditando nos benefícios dos minerais da terra.

Esperei secar. Só quando a lama estava durinha e rachando, eu tirei. Não deu em nada, mas mesmo assim eu me senti o máximo, superfeminina. Eu queria me sentir bem com a minha aparência e ser vista como uma mulher.

Foi trabalhando na perfumaria do seu Júlio que descobri tantos produtos de cabelo, conheci a textura e o cheiro dos cremes para uma pele de veludo, provei de água de colônia a perfumes intensos, enlouqueci com tantos esmaltes e aprendi como usar diferentes pentes e escovas. Ou seja, ali eu fui apresentada a um mundo que eu já amava. Bem naquele estilo *Nunca te vi, sempre te amei.*

Algumas pessoas que viam meus olhos brilharem, com tudo o que estava nas seções da perfumaria, faziam comentários do tipo: "Jane, se você pudesse, teria em casa um produto para cada coisa, não?". Hoje, quando olho para o meu banheiro, digo a mim mesma com orgulho: "Eu consegui ter um produto para cada coisa". Só para a pele já são vários, que vou passando um seguido do outro, num ritual digno de rainha.

Cosméticos para o cabelo, então, são o meu xodó. Mas o meu arsenal de maquiagem também tem espaço nobre. E eles ficam todos organizadinhos, outra herança desse emprego na perfumaria que me deu o hábito de formar fileiras perfeitas nas seis seções que ficavam aos meus cuidados. Ficar escolhendo o que vou usar logo no início do dia me enche de energia e alto-astral.

Hoje, este é o meu ritual e reflexo da minha paixão. Qual é o seu ritual para um dia perfeito? A maneira como começamos o dia diz muito sobre qual será o nosso estado de espírito pelas próximas horas. Para mim, é fundamental ter esse tempo de preparo, de olhar para cada detalhe do meu rosto. Para você, talvez seja outra coisa, uma prática diferente, música... Descubra o que renova sua energia e integre isso à sua rotina. Você perceberá a diferença!

Mais perto, para aprender com as marcas

Lembra que eu disse que as outras vendedoras, no início, ficavam incomodadas porque eu faturava muito mais do que elas? Só que eu era tão encantada com esse segmento, que havia decorado cada código de produto; e várias delas acabavam falando comigo, mesmo que a contragosto.

Nesse meio inicialmente hostil, sabe em quem eu colava? Nas representantes das marcas, que tinham muito interesse em se aproximar das boas vendedoras. Via de mão dupla, pois eu também queria que elas me ensinassem o que eu ainda não sabia. E eu não sabia quase nada.

Posso dizer que aprendi tanto nas minhas duas temporadas trabalhando naquelas seções de perfumaria! Descobri receitas de hidratação para cada tipo de cabelo e necessidade — e o que mais se podia imaginar. Visualize uma criança na Disney. Era eu, aprendendo como transformar a autoestima das pessoas fazendo-as se sentir mais bonitas, cuidadas, com aparência poderosa.

Como colei nas supervisoras de produtos,
ia a todos os cursos possíveis e imagináveis
que as empresas ofereciam às vendedoras.
Aquilo era mágico.

Seu Júlio havia expandido os negócios e agora tinha não uma, mas três lojas. E orgulhosamente fui apresentada como gerente comercial desse trio. No meu retorno, não encontrei quase ninguém da primeira época. Muitas caras novas, que me viram de forma diferente por saberem que seu Júlio me considerava uma ótima vendedora.

Nessa função, eu instruía as equipes sobre como realizar as vendas. Como eu não atendia diretamente os clientes, não tinha mais comissões. Recebia um salário fixo, e a minha entrega era mensurada pela produtividade da equipe. Então, eu precisava fazê-la vender mais.

Estipulava a meta, elaborava a estratégia junto da equipe e ensinava a oferecer produtos correlacionados ao interesse dos clientes que chegavam à loja, a orientar sobre como usar os produtos, a escutar o problema do cliente para achar as melhores soluções de beleza, em vez de apenas empurrar algo para se livrar logo daquela pessoa, num ritmo de motivação total.

Foi uma experiência rica, que também me fez parar para observar alguns aspectos do negócio que antes passavam despercebidos, quando eu estava o tempo todo na ponta, oferecendo os produtos. Eu comecei a ver possibilidades que sempre estiveram ali, a partir de uma cadeira. Nela, o cabeleireiro de uma marca conhecida fazia o cabelo de clientes que comprassem seus cremes, tinturas...

Reparando naquele homem trabalhar, eu ia me encantando cada vez mais com a transformação que ele fazia naquelas pessoas. Saíam muito mais bonitas e charmosas do que quando entravam. Eu observava quais os desejos delas enquanto escolhiam os produtos e quando conversavam com o profissional sobre como queriam a transformação no cabelo.

Visão empreendedora e parceria

Se alguém me sugerisse ser cabeleireira, na primeira vez que trabalhei nessa mesma perfumaria, diria: "Nem pensar". Em primeiro lugar, nunca me imaginei nesse mercado por não ter tido condições de conhecê-lo durante a infância e a adolescência. Segundo, achava que as pessoas ficavam tão indecisas na hora de escolher um produto! Às vezes, eu demorava 20 minutos com a cliente, conversando sobre as diferenças no efeito de um para o outro!

Eu pensava: "Estou apenas vendendo a tinta, e ainda ressalto que ela poderá trocar a qualquer momento. Imagine na hora de fazer a aplicação? Cabeleireiros merecem o céu. Isso não é para mim". Só que o destino estava querendo me dizer que isso era para mim, sim. Tanto que foi a primeira formação profissional que eu recebi, quando encontrei o parceiro ideal para dar nova guinada na vida.

O nome dele é Marko Porto, meu atual marido e sócio, que me trouxe para esse setor promissor. Afinal, por gerenciar três perfumarias, eu via a importância que a beleza estava ganhando comercialmente. Era um período de ebulição, em que se abriam muitos salões e cursos para formar profissionais dessa área.

Com aproximadamente 30 anos, ele havia tentado negócios no ramo de materiais elétricos que deram certo por um tempo, mas depois o quebraram. Precisou vender a loja e a distribuidora. Passava pelo processo de separação da primeira esposa. Com a vida simplesmente virada de cabeça para baixo, buscava novos rumos. Já eu, com 20 anos, vivia uma fase de descobertas.

Sabe aquele tipo de pergunta que a grande maioria dos jovens se faz? Comigo, então, que logo ficava entediada se não estivesse aprendendo coisas novas, as inquietações eram muitas. Eu nasci para quê (propósito)? Que profissão seguir (visão)? Qual o meu maior talento, dom (habilidades)? Como ter muito prazer e também muito dinheiro (motivação)?

Para quem já teve um negócio, retornar à posição anterior não é fácil. É como escorregar em um tobogã, mas sem as emoções de aventura e prazer. O sentimento é de fracasso. Quem prova o gostinho de ter um carro não quer mais andar a pé, ou quem teve um carro mais novo não quer nunca mais retornar ao velho. Ninguém quer andar para trás. Não é esse o objetivo da evolução.

Senti isso na pele, no coração. Mesmo gostando de ser gerente comercial do seu Júlio, não me sentia tão realizada como antes. O empreendedorismo sempre esteve no meu DNA, e aflorou de vez na minha sociedade com a Nalda.

Como eu acredito que as parcerias nos fazem ir mais longe e mais rápido... O que começou como uma paquera é, hoje, uma sociedade muito bem-sucedida no amor e no trabalho. Somos a prova viva de que é possível lucrar dos dois lados da balança.

E muitas vezes o *start* vem no meio de uma crise, bastando que se vejam desafios/oportunidades em vez de problemas.

Numa conversa franca, meu grande amigo e parceiro abriu o jogo:

— É o seguinte: depois que vendi a loja e paguei minhas dívidas, sobraram estes cheques pré-datados. É tudo o que eu tenho. Para a vida. O que você acha que podemos fazer com 8 mil reais?

— Vamos montar um salão!

— Hã?! Vamos montar o quê? Como assim? Venho do mercado de elétrica.

— Você faz um curso, eu me aprimoro como cabeleireira também. Vida nova!

— Você acha que eu tenho jeito?

Eu o incentivei, pois sabia que ele tinha habilidades manuais. Além disso, era um homem extremamente observador do comportamento das pessoas e sensível para enxergar a alma das mulheres e traduzir os seus desejos.

— Você vai ter ótimas oportunidades no setor da beleza.

Corajosa, eu, de tirar um homem de um trabalho absolutamente masculino, num meio muito machista, para atuar no mercado mais feminino que conheço, inserindo-se também num processo de deixar para trás seus estereótipos. Como em qualquer negócio, essa é uma oportunidade para quem gosta e se empenha.

Três decisões estratégicas que considero acertadas

1. Ter agilidade para montar o salão. Os recursos financeiros não permitiam demora ou dúvidas. Agradeci novamente ao seu Júlio pelo emprego e pedi demissão. Em três meses, Marko já fazia cortes elogiados e continuou estudando enquanto abríamos as portas.

2. Conter a vontade de querer fazer tudo. Ou fazíamos dessa maneira, ou não conseguiríamos realizar nada bem. Sendo assim, combinamos que eu me especializaria em química (tintura, reflexo, escova progressiva etc.) e Marko em corte. Então, muitos clientes passavam pelos dois.

3. Ter suporte de uma profissional experiente. Isso aumentou a nossa segurança nos atendimentos. Convidamos a professora do curso de cabeleireiros para ser nossa colaboradora. Com ela "dentro de casa", aprenderíamos bem mais rápido sobre os serviços importantes num salão e logo estaríamos num nível muito mais elevado. A professora não ficou muito tempo conosco.

Ponto e nome certos para o negócio

Não basta ter um serviço de qualidade, preço competitivo, muita garra dos sócios, sem um ótimo ponto comercial. Como equacionar uma rua movimentada com aluguel baixo? Salve o seu Antônio! Sim, o mesmo a quem recorri para montar a loja de presentes e brinquedos importados. Sabendo que ele tinha várias lojas, perguntei:

— Aquela sua loja no Méier, como está?

— Você é muito maluca — ele repetiu seu mantra. — Aquilo não dá nada. A loja está fechada há anos. Uso para botar entulho. O que você vai fazer?

— Vou abrir meu primeiro salão.

— Vai botar um salão ali? Já tem um muito conhecido no bairro. Tá maluca. Tem artista da TV Globo que frequenta.

— Verdade. Mas o nosso será para outro público. É outra coisa. Vamos fazer algo mais direcionado para cabelos étnicos.

Tudo é a maneira de ver o valor do seu negócio e de acreditar nele. Eu poderia dar ouvido a esse comerciante experiente, com vários pontos comerciais, e desistir de ir para o Méier. Seu Antônio me deu mais de um motivo para o "não". Eu o convenci do "sim" e aluguei o espaço dele por um precinho.

Como o dinheiro era curto, tomamos várias providências no estilo "faça você mesmo", manualmente. Enchemos três caminhões de entulho, e finalmente a loja ficou vazia para seguirmos raspando o chão, colando tapete, lixando e pintando paredes, preparando toda a parte elétrica... Pagamos somente por aquilo que não podíamos fazer de jeito nenhum, como o mobiliário específico de salão.

Chamava La Belle até o dia em que um advogado ligou avisando que havia uma marca registrada com esse nome.

— Desculpe. Nós não sabíamos — e, então, trocamos, sem problemas.

Pura falta de experiência. Eu não tinha noção da necessidade de realizar uma pesquisa de nomes. Alterada uma letra, ganhamos outro lindo, Ma Belle.

Não era luxuoso, mas decorado de forma artesanal, criativa e carinhosa. Comprar espelhos prontos custava caro, por exemplo. Marko foi a uma vidraçaria para cortar esse tipo de vidro, indispensável no nosso negócio, em um formato diferenciado que ele mesmo bolou, lembrando a curva de uma mecha de cabelo. Complementamos com tiras de madeira fininha, cortadas na metragem que queríamos; papel adesivo, comprado em papelarias; e prendedores metalizados, adquiridos em atacado.

O salão ficou uma graça. As pessoas até perguntavam onde compramos aqueles espelhos decorados. Significa que a nossa invenção funcionou. Para o balcão, também compramos a madeira e forramos com papel adesivo. E o negócio foi de vento em popa... Show!

Confirmei que esse era o caminho certo para mim quando, depois de um ano empreendendo nessa área, mantinha o mesmo entusiasmo do começo. Havia me descoberto, estava realizada! E até hoje fico tão feliz quando me perguntam se eu trabalho com beleza! Sinal de que meus cuidados estão funcionando e que são inspiradores a outras pessoas também.

Eu sou empresária desse mercado. Essa é a minha identidade e a minha grande realização. É desse jeito que eu quero que me vejam. Foi isso que eu vim construindo, que eu escolhi. E, para quem tem dentro de si a mesma paixão por algo, seja na área de beleza ou não, oportunidades não faltarão. Basta querer enxergá-las.

VEJA ALÉM

Pensar seu propósito, sua missão, e combiná-los com a visão que você tem de futuro e com suas maiores habilidades é o ponto de partida para descobrir a sua motivação. Ela vai ajudá-lo a combinar retorno financeiro com algo que você é apaixonado por fazer. Eu descobri isso no mercado de beleza, observando como a transformação estética, externa, era capaz de impactar o lado interno das pessoas e de mim mesma. O que preenche todo o seu ser de energia? O que você sonha em fazer? Como você pode ganhar agilidade para tornar o sonho realidade? Onde deve estar o seu foco neste momento?

capítulo 4

Veja as possibilidades

PARA MUDAR UMA VIDA QUE NÃO COMEÇOU DA MANEIRA COMO GOSTARIA, sem o básico para se desenvolver, tudo o que você *não deve fazer* é deixar-se vencer por essa realidade de dificuldades e pobreza. A alternativa é muito melhor: querer descobrir as suas possibilidades de sair disso.

Os momentos difíceis servem para você ter uma ação decisiva na sua vida. A maioria das pessoas vive o problema do momento e fala dele como se fosse a maior pedra no seu caminho, intransponível, esquecendo-se de que já passou por cima de outras no passado e seguiu em frente. O que me moveu até aqui foi justamente me recusar a ficar vivendo os problemas.

Vale a pena perguntar-se como sair dessa situação.
E pensar: "Isso não é um problema, é um desafio".

Então, vamos lá. Não vou me apegar a isso. Vou me apegar às possibilidades de mudar o rumo dessa história. Quais são? Para cada passo a dar, eu tinha de criar uma estratégia. Naquele emprego de vendedora de perfumaria, contar com as colegas não era viável, pois elas alimentavam o sentimento de que eu estava tirando algo delas. Poderiam ter se sentido desafiadas a vender o mesmo ou mais do que eu. Mas preferiram não enxergar dessa forma.

Desafio é gostoso demais!

Problema é o que dói, cansa, mata sonhos, apunhala, escurece tudo. Quando você vê como desafio, a situação já fica mais palatável, mais leve na sua mente. E logo vem a vontade de se superar. Num jogo de xadrez ou de damas, não é gostoso quando você ganha? Ainda mais se tem um oponente mais experiente ou no mesmo nível.

Durante a partida, você ainda não sabe quem será o grande vitorioso. Sente-se desafiado, e essa emoção é positiva, estimulante. Oxigena a mente. Em compensação, se encara o oponente como um problema, deverá começar a sentir medo, insegurança, até vontade de desistir.

No trabalho é a mesma coisa. Quando você fala aos seus liderados "Olha, tenho um problema para você resolver", gera pensamentos negativos e limitadores. A colocação "Tenho um desafio para você" é bem diferente. Anima a outra pessoa a querer buscar soluções, que vão gerar emoções positivas nela própria e trazer consigo o resultado de crescimento.

Quem está predestinado a ser um profissional de sucesso não se limita com as pedras no caminho. Não esmorece, não vive como problema. Em outras palavras, não aceita o "não" como ponto-final, e sim como ponto de partida.

Aquilo é só mais um desafio para chegar aonde quer, o "sim".

Melhor ainda é arranjar um "sim" das conexões e associações positivas que você faz com as pessoas. Isso tem um valor enorme para ir mais longe e mais rápido. No meu caso, a Nalda, o seu

Antônio e o Marko me mostraram mundos diferentes e expandiram minhas chances de aprender a empreender. Abrir o salão de beleza Ma Belle, portanto, foi só a semente para realizar um projeto muito maior, que vou detalhar a seguir.

Como ser referência de mercado

Olhar para as possibilidades, encarando cada problema como desafio, me tornou pioneira no mercado de design de sobrancelhas brasileiro (embelezamento do olhar). Junto com meu sócio, amigo e amor Marko Porto, em apenas uma década formamos a maior rede de embelezamento do olhar no mundo. Abrimos mais de quatrocentas unidades, atingindo uma média de 150 mil atendimentos num único mês.

O Spa das Sobrancelhas é referência em franquias de beleza (a primeira loja franqueada inaugurou em 2012), com treinamentos frequentes em nosso próprio centro técnico de formação em embelezamento do olhar e treinamento do Spa, o maior do país. E criamos linhas exclusivas de produtos dermocosméticos e de maquiagem.

Para controlar tudo isso, inauguramos, em 2016, a *holding* Grupo Beauty, agregando também nossas novas empresas Epilare Spa (com método diferenciado de depilação), SmaltClub (máquina de criação de esmaltes personalizados), Célula Franchising (consultoria em franquias) e Sacra Logística (complexo fabril e distribuidor).

Nossa missão de vida e trabalho é levar autoestima e bem-estar para o maior número de pessoas, embelezando o seu olhar. Mas não descobrimos isso do dia para a noite. Fomos encontrando pedras no caminho. De vários tamanhos. Entretanto, passado o baque emocional inicial (afinal, somos seres humanos), subíamos nelas para enxergar o outro lado.

Juntos para o que der e vier nos negócios

Na nossa história de sucesso, destaco que o mérito é de um casal. E não só meu ou do Marko. Tenho uma vida maravilhosa porque meu sócio também é o meu melhor amigo e o meu amor. E fico feliz de saber que praticamente 50% dos nossos franqueados são casais, embora não precise ser a regra. Realmente nós nos relacionamos bem.

É uma troca, com base numa energia forte,
permanente e recíproca.

Há pesquisas que reforçam a minha tese. Cito duas: a do Instituto do Casal[3], que concluiu que ter projetos em comum fortalece e reduz as diferenças entre os casais; e a do International Stress Management do Brasil (Isma-BR), afirmando que o relacionamento de casais que trabalham numa mesma empresa é mais agradável, pois lidam melhor com as angústias e com a carga horária do parceiro[4].

As empresas e a vida, no geral, têm que ser satisfatórias para os dois. Marko tem bastante consciência disso, porque sempre conversamos a respeito. Diálogo é a chave, sem tom acusatório. Conforme detalharei a seguir, foi assim quando quebramos e também

3. PROJETOS em comum fortalecem a relação e minimizam diferenças dos casais. Disponível em: <http://institutodocasal.com.br/2016/12/projetos-em-comum-fortalecem-a-relacao-e-minimizam-diferencas-dos-casais>. Acesso em: 13 set. 2017.

4. CASAIS que trabalham juntos são mais produtivos. Disponível em: <http://noticiasenegocios.com.br/2012/01/casais-que-trabalham-juntos-sao-mais-produtivos>. Acesso em: 13 set. 2017.

quando enxergamos um futuro promissor focando no pioneirismo de cuidar de sobrancelhas. Ele testava o serviço em vários locais e voltava animado com o retorno financeiro alcançado em cada dia.

Pesquisamos, planejamos, traçamos estratégias a dois, e é assim até hoje. Temos habilidades complementares — por exemplo, eu assumo os treinamentos, os estudos técnicos; ele é ótimo na gestão financeira e nas ações de expansão das marcas. Valorizamos demais o que construímos porque sabemos perfeitamente quantas dificuldades tivemos de vencer.

Quando moramos numa quitinete, por exemplo, nossa geladeira era uma caixa de isopor, o tapete era a cama; e algumas vezes nos esquivamos de encontrar o dono do imóvel por não termos o dinheiro do aluguel na data prevista. Chamávamos de "nossa mansão", porque fomos felizes ali, assim como somos hoje. Com nosso olhar empreendedor e empenho, aos poucos fomos conquistando as nossas coisas, o nosso bem-estar.

Na verdade, éramos duas famílias, pois eu ainda tinha dois enteados que amo e a ex-mulher dele, que se tornou uma grande amiga. Simone, inclusive, ajudou a comprar o mobiliário do primeiro Spa das Sobrancelhas. Por um ano, emprestou seu carro durante a semana, e nós o devolvíamos aos finais de semana. Assim que tivemos condições, demos um novo de presente a ela. Ter apoio dos familiares é valioso! Simone trata meus dois filhos com muito carinho, e vice-versa.

Aos casais que, como nós, conciliam a vida pessoal com a profissional, eu sugiro respeitar a privacidade e o individualismo, mantendo sempre a condição de ouvir e sugerir, em vez de criticar. A *holding* é o nosso maior amor depois dos filhos, representa o nosso projeto de vida em conjunto. Nós nos conhecemos trabalhando, e é assim que seguimos vencendo os desafios.

Para compartilhar essa jornada, a partir do salão de beleza Ma Belle, em 2003, até a decisão de abrir o primeiro Spa das Sobrancelhas, em 2007, vou dividir os fatos em quatro fases:

1. **A ascensão, depois a queda dupla**. Ainda não era o momento de crescer.
2. **O emocional exigindo cuidados**. Eu mentalizava: "Vai acontecer algo melhor".
3. **O retorno com força total**. Quando a visão clareia, renova as forças para agir.
4. **A descoberta de um nicho fabuloso**. O Spa das Sobrancelhas se revelou um sucesso em menos de um ano.

A ascensão, depois a queda dupla

O salão Ma Belle estava dando supercerto, com base em duas palavras essenciais: **cuidado** e **transformação**. Como transformar a genética de um fio para aquilo que cada cliente desejava? De cacheado para liso, como corda de violão, e vice-versa. E também havia quem não quisesse nem uma coisa nem outra. Sugeríamos uma semitransformação.

Eu estudei especialmente os cabelos étnicos. E aquele emprego de vender os produtos também havia me dado uma base fantástica. Com os conhecimentos que eu tinha, via mil e uma possibilidades de fazer os tratamentos e serviços, não me limitando ao que o mercado ensinava. Daqueles passos 1, 2 e 3, eu desmembrava para 8, 18, 32. Marko e eu adotamos maneiras exclusivas de realizar os processos. Também nos atualizávamos indo a congressos, feiras, aulas com profissionais renomados.

Em muitos salões, a clientela é atendida por parceiros que trazem seus produtos. No Ma Belle não era assim: o salão era nosso, o funcionário era nosso (com carteira assinada) e tinha de usar os nossos produtos. Como eu conhecia aquilo, tinha propriedade para indicar — garantindo, assim, a qualidade do resultado. Meu estoque era lindo de ver, organizado por linhas, com tintas de todas as cores possíveis. Para qualquer necessidade, até para quem quisesse pintar o cabelo nas cores do Brasil no mês da Copa do Mundo!

Só que, quando você trabalha bem, chama a atenção das pessoas para o seu sucesso. Começam a surgir propostas. Eu penso que pode ser para testá-lo:

"Vamos ver se esse empreendedor está preparado?
Bota uma isca lá para ver se ele pega."

E você precisa entender que não é o momento, que precisa se desenvolver mais, se estruturar mais antes de expandir.

Foi uma isca como essa que uma cliente atendida pelo Marko nos lançou, quando completamos um ano e meio de negócio. Ela tinha um salão montado, que estava fechado, e nos ofereceu por um valor baixinho, irrecusável à primeira vista. Só que eu tive uma visão muito clara de que significaria dividir, e não somar: dividir energia, estoque, funcionários. Ponderei que não era um bom momento.

Mas quem segurava aquele homem extremamente empreendedor? Por ter vivido mais experiências profissionais do que eu, Marko contra-argumentou tanto que eu cedi:

— Você tem razão. Vamos ver como é que vai ser.

Ele foi para o segundo salão e eu fiquei cuidando do primeiro. Foi acontecendo tudo que eu previ. Ah, não tem tal produto?

Vá ao outro salão pegar. Ah, tal funcionário não veio? Peça para a Jane "emprestar" fulano. Isso começou a me incomodar. E muito.

Eu resolvi tirar meu time de campo. Pensei: "Não posso fazer do meu jeito — de novo! Como é que eu vou convencer um homem que já trabalhou em banco, foi gerente de cooperativa, teve uma distribuidora, de que eu estou certa? E, para ele, sou uma menina".

Fiquei tão aborrecida com ele, que falei:

— Tô largando tudo, inclusive você. Tchau.

Fui embora, triste. Porque é assim que a gente fica quando sente que batalhou em vão. Ele tocou os dois salões, mas não demorou nem dois meses para decidir fechar. Era inevitável. Sabe por quê?

Quer que seu negócio alcance sucesso? Dedique total energia a ele, não divida enquanto não for maduro e autossuficiente.

O nosso estava indo bem, mas ainda não era maduro e nem autossuficiente. Esse foi um aprendizado enorme. Mas quantos empresários de sucesso não quebraram antes? Faz sentido, porque o fracasso prepara o profissional. E hoje Marko e eu enxergamos isso claramente. O fechamento dos dois primeiros salões serviu de lição para o que fazemos hoje.

Todo negócio envolve riscos. Mas o dono precisa avaliar antes quais quer correr para ir do ponto *A* até o *B*. Vai cair e morrer? Então agradeça, mas não tope. Claro que nem sempre é possível prever todos os acontecimentos e eventos que envolverão seu empreendimento, mas a precaução nesses casos pode ajudar a evitar surpresas desagradáveis para chegar mais perto dos seus objetivos, da sua meta, do seu propósito.

O emocional exigindo cuidados

Quebrou ele, quebrei eu. A paixão continuou. Depois de avaliarmos o que deu certo e o que não deu, decidi não torturar mais a cabeça e incentivei o Marko a fazer o mesmo. Nós voltamos às boas como casal, porque temos uma ótima sinergia e muito amor um pelo outro.

Combatemos a tristeza com exercício mental. Eu sou assim: fico aborrecida, chateada, mas converso comigo mesma e busco força interior para achar novos caminhos. Indago-me: O que aprendi com isso? O que vou fazer com isso? E não me deixo levar pelas emoções negativas. Ficar curtindo o sentimento de fracasso só atrai mais disso.

Manter a expressão fechada, enchendo de ruguinhas... não ia ser bom. Então, fui trabalhar em um salão de bairro. Nesse momento, eu não estava fazendo o que eu queria, só o que eu "precisava". Atendi uma cliente que entrou para fazer mechas. Foi o pior serviço que eu fiz na minha vida. Ela não ficou bonita; e eu fiquei péssima.

— Desculpe-me. Estou indo, não dá mais — disse eu.

A minha energia tinha sido consumida por uma enorme sensação de perda e fracasso — de estar entrando num túnel escuro, sozinha, e sem conseguir ver absolutamente nada. Fiquei paralisada ali, enquanto a minha mente forjava um feio e terrível bicho-papão, que atacava e destruía a minha vida e os meus sonhos naquele momento.

Eu só conseguia ver os problemas. Quando você não olha a situação pelo lado das possibilidades, faz desenhos ameaçadores na cabeça, vive uma crise existencial.

De fato, eu estava devendo a funcionários e fornecedores do salão Ma Belle, pois desde o início cuidava da parte comercial. Contratava gente. Negociava com fornecedores. Comprava estoque. Tinha credibilidade até o tiro sair pela culatra, com os dois salões, e ficarmos devendo a todo mundo.

E não é só o fato de estar devedor. Tem toda a energia que emana da situação. Conversas pejorativas no bairro, com insinuações de que os donos foram desonestos de propósito — e tudo mais que você não é. Há pessoas que gostam de tripudiar, de destilar seu veneno, de atirar pedras em vez de procurar saber o que ocorreu de verdade, julgando e condenando. É a tal da natureza humana.

Na outra ponta, a gente estava sofrendo, com dor no coração e pensando no que fazer para arranjar dinheiro. Principalmente o Marko, por ter dois filhos nessa época. Ele até tentou voltar para o mercado de materiais elétricos. Mas, assim como eu, não teve bom resultado porque não era o que queria, e sim o que precisava.

Seu amigo deu uma oportunidade: vender peixinhos de aquário. Meu querido saía com as bolsas pesadas, cheia de água e peixinhos ultrassensíveis. De boné. Sol a pino. Voltava com uns trocados, que entregava à mãe dos seus meninos.

Ficamos morando de favor na casa da mãe dele até recuperarmos o fôlego financeiro. Perto, havia um rio de água doce, e pescávamos uns camarõezinhos para comemorar nosso amor com cerveja Cintra. Dormíamos na rede, namorávamos, falávamos de coisas boas. Marko só não queria voltar a tocar no assunto dos salões. O.k., dei um tempo a ele.

O retorno com força total

Certo dia, resolvi fazer uma visitinha à Nalda. Ela sabia da existência do Ma Belle e chegou a fazer o cabelo conosco.

— Minha irmã, como está o salão?

— Ah, Nalda, não deu certo, não. Fechamos — falei, com ar cabisbaixo.

— Como assim, o que houve? Reabre!

— Não dá, estou devedora e pensando no que vou fazer da minha vida.

Ela olhou bem nos meus olhos e me desafiou:

— Cadê a Jane que eu conheço? Se a minha irmã está devendo, vai pagar, como puder. Reabra o seu negócio. O salão ainda é seu.

Imagine uma luz no fim do túnel acendendo depois de uma escuridão total. A minha amiga-irmã falando com aquela energia de quem tem fortes raízes nordestinas me tocou profundamente. Eu me senti energizada; agora era levantar a cabeça e pôr a mão na massa — ou melhor, no cabelo das clientes. Ela acreditava em mim e conhecia a minha paixão por beleza. Enquanto isso, outras pessoas que eu considerava amigas haviam me deixado mais desanimada ainda: "Ah, Jane, é assim mesmo. Comece de baixo. Você já quer começar o negócio sendo dona?".

Eu tinha começado de baixo, caramba. E havia subido degraus, sem passar por cima dos outros. Qual o problema de sonhar alto? Vou ficar voando baixo o tempo todo por quê? Mas pergunte se eu discuti com essa turma do pessimismo? Não. Nesse momento em que o coração está dilacerado, não ajudaria em nada.

O que a Nalda me disse foi importante. Acendeu a luz do "túnel" para me mostrar qual era a direção. Ela tinha razão. Voltei aos meus diálogos comigo mesma: "O que você está fazendo com a sua vida? Cadê a Jane positiva e alegre? Que olha possibilidades onde a maioria não vê? Que transforma o "não" em "sim"?

Seu olhar muda tudo, lembra?

Combinei algumas coisas comigo nessa passagem, especialmente que não ia esquecer mais quem sou eu.

Entre o fechamento dos dois salões e a minha visita à Nalda, não estava vendo o lado das possibilidades. A quantidade de porradas que eu havia levado parecia estar doendo de novo e me enfraquecendo. Isso pode acontecer com qualquer um de nós, pois somos seres humanos, não robôs. O importante é saber que você vai se recuperar e sair daquilo.

O que nos define não são os tombos, e sim como nos levantamos. Voltei para casa, conversei com Marko e tomei uma decisão:

— Eu vou voltar lá e reativar o salão.

— Vai fazer isso? Tem certeza? — Respondeu, surpreso.

Ele optou por não vir comigo, prometendo me apoiar à distância. A porta do salão estava fechada com tudo dentro havia cinco meses. Eu o reabri. Contratei um cabeleireiro e uma manicure, não antes de contar a verdade a eles (era isso ou saberiam por outras bocas). Meu lema foi: "Tô recomeçando, quero pessoas que acreditem no negócio". Os dois agiram como fiéis escudeiros.

Nova pedra no caminho: nesse meio-tempo, seu Antônio morreu. Não o tinha mais ao meu lado, para me chamar de maluca e ouvir as coisas que eu desejava fazer. O imóvel ficou para sua esposa, que nunca se envolvera com os negócios. A conversa era com a irmã dele, a quem chamo de águia por causa da sua reação:

— Esquece aquele salão. Com a quantidade de aluguéis que você está devendo... é nosso. Nós vamos abri-lo e comandá-lo a partir de agora.

Ou seja, a mensagem era de que eu havia perdido tudo que estava dentro como "pagamento" pela minha dívida. Nada disso.

Quando você toma uma decisão, a visão clareia
e dá força para agir.

Eu já estava empoderada de novo e coloquei as cartas na mesa.

— Vamos lá! Você não deve saber, mas tudo o que há dentro é meu — cada lâmpada, cada fio que passa por dentro daquela parede, a pintura, a cobertura do chão. Antes, era só entulho, que eu tirei. Para devolver o imóvel, que é da sua família, vou deixar do jeito que eu peguei, depois de arrancar absolutamente tudo no interior dele. O imóvel é seu, e tudo que está nele é meu. Ou é isso ou você pode aceitar minha proposta de pagar os aluguéis como eu puder, porque vou recomeçar.

A família do seu Antônio conversou e aceitou a minha proposta. A cada semana de funcionamento do salão, eu ia repassando uma parte do caixa para os atrasados. Também honrava com o aluguel daquele mês. Liguei para todos a quem devia, como os funcionários antigos, fazendo o mesmo tipo de acerto.

Nada é fácil. Em certos dias, eu não ficava nem com uma moeda, almoçando biscoitos. Tinha uma estratégia para fazer o negócio girar. Não mirava os clientes antigos, pois sabia que seria mais difícil. Eles estavam contaminados pelas fofocas.

Tenho a minha verdade, a minha consciência tranquila, e não me interessa o que as pessoas pensam a meu respeito, então eu não me via obrigada a explicar nada. Pensava: "Tem tanta gente nesse bairro, não é possível que eu não consiga novos clientes!".

Faltava dinheiro para religar o telefone fixo e para preparar novos panfletos de divulgação. A minha estratégia? Fui para a porta toda produzida, linda e maravilhosa, e soltei a voz. Educadamente, ia abordando as pessoas, oferecia o panfleto antigo (mesmo sabendo que o telefone estava desativado) e convidava a experimentar gratuitamente uma reestruturação capilar. Presente para comemorar a reabertura do salão!

Trabalho chama trabalho e dinheiro chama dinheiro. Isso é fato.

As pessoas não valorizam lugar vazio, sem clientes. E aqueles que entram e permitem tocar neles acabam se interessando por um pacote de serviços, além do tratamento grátis. Eu analisava o tipo de cabelo e falava tecnicamente tudo o que poderia ser feito conforme a fisiologia do fio.

Importante: indicava com precisão o tempo que demoraria para um resultado 100%, deixando no comprimento desejado, fios restaurados com brilho e maciez sem pontas mortas ou duplas.

Fazia o tratamento e destacava a diferença. Queria que a pessoa tocasse e expressasse: "Incrível!". Eu conhecia bem todo o processo. As pessoas medem o crescimento pela ponta, mas o cabelo não cresce pela ponta, e sim pela raiz. Em muitos casos, o que ocorria era apenas uma inversão deste valor. Quem tinge repara melhor nisso, porque vive retocando a raiz, e não a ponta.

Quando se deseja um cabelo grande, é essencial ter uma ponta forte e saudável. Caso contrário, terá a impressão de que o cabelo não cresce. Outra estratégia: prometia recuperar o cabelo com *x* tratamentos em *x* tempo. Se isso não se confirmasse, eu dava quantas sessões a mais fossem necessárias até atingir o resultado combinado. Palavra é palavra.

Fechando um pacote, a cliente se comprometia a voltar semanalmente. A agenda começou a ficar lotada de novo. Pessoas comentando, indicando, falando bem. Quando o Marko chegava para me buscar à noite, depois de vender seus peixinhos, me encontrava sempre cheia de trabalho. Eu pedia:

— Por que você não lava esse cabelo para mim? E termina aquele ali, por favor?

Ele diz, hoje, que eu fui sábia. Respeitei seu momento, mas não me conformei. Primeiro, porque o salão estava dando mais dinheiro que o negócio com peixinhos. Segundo, porque eu realmente precisava dos braços e dos vários talentos dele como cabeleireiro e maquiador no salão. Quando meu antigo sócio viu, estava completamente dentro da agenda e tinha parado com a outra venda.

Juntamos nossa força de trabalho, e não paramos mais de crescer. Agenda lotada, dinheiro no bolso, crédito recuperado no mercado. O empresário precisa ser honesto, pagar o que deve. Nada como ouvir dos fornecedores "quando você precisar é só pedir".

Tivemos lições e aprendemos o que não fazer, assim como Thomas Edison, quando disse que aprendeu mais de mil maneiras de não fazer uma lâmpada — e ele só precisava acertar uma. Não batemos a cabeça mais de mil vezes, mas, nas vezes em que batemos, a dor foi grande. Para aprendermos e acertarmos.

A descoberta de um nicho fabuloso

Sempre cuidamos das sobrancelhas das clientes de uma forma diferenciada, desde o início do Ma Belle. Os concorrentes normalmente reclinavam a cabeça delas para trás, na própria cadeira do cabeleireiro, e tiravam os pelinhos em excesso com uma pinça que estivesse por perto — quando isso era pedido.

Esse serviço não aparecia no menu; e o cabeleireiro nem tinha interesse, porque o ganho financeiro era pequeno. Perto de uma tintura ou corte, custava quase nada. Era o maquiador ou manicure mais habilidosa, mesmo sem muita técnica, quem se incumbia de deixar as sobrancelhas "limpas".

Nós mudamos esse conceito. Começando por trocar a palavra "tirar", que além de grosseira não traduzia da melhor forma o que entregávamos. Inovamos ao cuidar das sobrancelhas dentro da nossa cabine de estética. Ou seja, com a cliente deitada na maca, a sobrancelha era cuidada, e não só tirada. Eu disfarçava as falhas com lápis de olho em algumas pessoas e arrisquei perguntar:

— Por que você não faz uma correção definitiva?

Eu me referia à maquiagem definitiva, feita por um tatuador — igual à que fiz em mim, com 17 anos. Com poucos pelos nas sobrancelhas, também disfarçava todo santo dia com o lápis de olho. Até o dia em que procurei um tatuador conhecido e o orientei como queria o meu desenho. Achei aquilo o máximo, lindo. Combinou comigo. As pessoas até perguntavam e pediam indicação de onde eu tinha feito. Tatuagem de sobrancelhas, portanto, era o que existia no momento.

Convidei esse amigo para ir ao salão cuidar de algumas clientes, e inaugurei mais um serviço. Eu fazia o design (o desenho) com o lápis, calculava as medidas ideais conforme o rosto, e ele só aplicava a pigmentação na pele. Antes de um mês, a pessoa voltava para uma avaliação e retoque, necessário em 50% das vezes, conforme a absorção de cada pele. Acontece que esse amigo, no dia das revisões, por já ter embolsado seu pagamento, dava bolo. Ele não estava vendo o lado das possibilidades. Como eu era muito certinha, rigorosa com horários e com o respeito ao cliente, me via na situação de inventar histórias, dar desculpas... O que fazer?

Algo que parece acontecer para atrapalhar pode ser oportunidade. Vai depender da sua maneira de olhar. Você acha que é ruim, mas dá a chance de fazer diferente e melhor.

Foi exatamente o que ocorreu. Dispensei o tatuador e propus ao Marko inscrever-se no curso de dermopigmentação, técnica que estava ganhando espaço no mercado. Ele, que já fazia um desenho de forma bem simétrica, melhor até do que eu, gostou da ideia e foi se desenvolvendo. Com isso, trouxemos o trabalho para dentro de casa e nos libertamos da dependência de um terceiro.

A procura pelos cuidados com as sobrancelhas cresceu tanto que, num primeiro momento, parecia nos atrapalhar, por custar dez, doze vezes menos que um serviço de cabelo. Só que o segundo leva até três horas, dependendo da química envolvida, enquanto o primeiro, cerca de 15 minutos.

Isso é o que difere um bom empreendedor daquele que enxerga pequeno. Logo percebemos ser um nicho de mercado a explorar.

Marko sublocou espaço em clínicas de estética localizadas em salas comerciais de vários bairros, para testar a receptividade desse serviço com diferentes públicos — e foi muito boa! Só que ele começou a me deixar na mão no Ma Belle. A mesma carência de novo? Achando que não dava mais para eu contar com ninguém, resolvi fazer o curso de dermopigmentação também.

Enquanto ele experimentava a aceitação do lado de fora, eu confirmava dentro de casa. Com base nos números de atendimentos e em dados concretos — como o baixo custo com pessoal e operacional para cuidar das sobrancelhas, comparado ao de um salão de beleza com variados serviços —, concluímos que o negócio era viável! E, conforme íamos nos especializando, mais clientes iam chegando.

Só que o restante dos serviços e tratamentos do salão também ia muito bem. Havíamos mudado para um ponto com maior circulação de pessoas, atraindo mais público. Quando dizíamos, em 2006, querer vender o Ma Belle para abrir um espaço voltado só às sobrancelhas, ouvíamos que éramos malucos, que íamos morrer de fome — especialmente porque eu estava grávida. Como minhas "maluquices" haviam dado certo, seguimos em frente.

Nossa estratégia foi alugar duas salas comerciais próximas, cujo custo com aluguel e condomínio era quinze vezes mais baixo do que pagávamos pelo ponto comercial na rua. Em uma, montamos o Spa das Sobrancelhas, que ganhou esse nome porque queríamos transmitir a sensação de relaxamento, conforto, comodidade, bem-estar que nossas clientes teriam deitadas na maca, entregues de olhos fechados aos nossos cuidados.

Na outra sala, abrimos o Hair Spa, porque eu amava mexer com cabelos e havia construído um patrimônio — que era a fidelidade das minhas clientes. Além disso, seria importante termos essa fonte de renda até tornarmos o novíssimo Spa das Sobrancelhas sustentável financeiramente. Esse salão garantiu o mínimo mensal para desenvolvermos o outro negócio, pioneiro no mercado brasileiro.

Com muita alegria e orgulho, digo que os primeiros meses bastaram para nos dar a certeza de que tínhamos de apostar todas as nossas fichas no Spa das Sobrancelhas, vendendo o Hair Spa com tudo dentro. Em entrevistas, quando perguntam as razões dessa escolha, a minha resposta e a do Marko costumam ser um pouco diferentes. Normal. Era o que cada um estava desejando naquele momento. Pois bem, juntamos os nossos desejos e motivações e nos tornamos referência em embelezamento do olhar.

Eu cheguei a listar os meus vários motivos, além do óbvio para um negócio (que é o retorno financeiro), para abdicar de tratar cabelos e direcionar o foco às sobrancelhas e ao visagismo facial (embelezamento do olhar). Mas nem em meus melhores sonhos imaginei que cresceríamos tanto e traríamos tanta gente bacana que acredita no nosso projeto.

VEJA ALÉM

Na hora de empreender, muitas são as análises que você deve colocar na mesa: Quanto precisa faturar para manter o negócio funcionando? A partir de qual momento ele começa a dar lucro? O que determina uma boa estratégia de mercado? A decisão de focar nossas energias no Spa das Sobrancelhas veio por percebermos algumas coisas, como:

· Tínhamos um menor custo de manutenção.
· Embora o valor do serviço fosse menor, ganhávamos muito mais na quantidade e velocidade de realizar o atendimento.
· O retorno dos clientes também era mais rápido do que quando comparávamos à média daqueles que realizam outros serviços, como cortes de cabelo.

Trouxemos uma solução personalizada e humana para um processo que era, muitas vezes, realizado de maneira muito mais impessoal e sem privacidade.Para criar um negócio ou projeto de sucesso, você não precisa reinventar a roda, criar algo que nunca existiu, e sim trazer um jeito diferente e mais eficiente de realizar algo que é importante para você e para outras pessoas.

capítulo 5

Reconheça suas habilidades e seus desafios

Em uma determinada fase da vida buscamos descobrir quais são as nossas verdadeiras aptidões, para tomarmos uma decisão profissional. E a falta de resposta pode resultar na conclusão de que não somos bons em nada, o que não significa que não podemos nos tornar bons em alguma coisa. Habilidade pode ser desenvolvida com a prática — mesmo para quem não tem um dom claro, não é um predestinado. Só vai levar um pouco mais de tempo.

Agora, não se fazem descobertas de braços cruzados e olhos fechados. É necessário ser curioso, estar no meio de pessoas de sucesso que sejam inspiradoras (ainda que por meio de livros), permitir-se viver novas experiências e se envolver. Isso vai abrir seus horizontes e um universo de possibilidades.

E se você se sentir atraído ou até apaixonado por alguma possibilidade que encontrar, sugiro perguntar a si mesmo se consegue se ver fazendo aquilo para o resto da vida. Ainda que não seja realmente o resto da vida, se despertar no seu interior um sentimento de prazer e descobertas, já é um bom caminho a seguir.

Quando eu decidi vender meu salão de beleza com um portfólio de serviços bem mais amplo para me especializar em uma área mais específica (embelezamento do olhar), foi como deixar de ser um médico clínico geral para ser um médico especializado.

Mas empreender, em qualquer ramo, é gostar de desafios.

Querer transformar sonhos e objetivos em realidade é percorrer um caminho desconhecido de motivações, mas também de muitos desafios. Eles vêm, a gente encara, com um sentimento parecido ao de um pai ou uma mãe querendo que o filho nasça, cresça e seja bem-sucedido. Da mesma forma, nenhum empreendedor nasce sabendo todos os truques do mercado. E aprender a empreender, encarando os muitos desafios para atingir sua meta, é muito importante para alcançar o sucesso.

O sucesso do negócio por meio do crescimento traz muitas alegrias (quem não gosta de reconhecimento?), oportunidades e também conforto financeiro, assim como um pote bem maior de compromissos e responsabilidades. Eu durmo e acordo pensando em como atender cada vez mais e melhor nossos clientes, o que envolve nossos parceiros, colaboradores, franqueados, alunos e fornecedores. Tudo para que o Spa das Sobrancelhas continue sendo uma fonte de água pura na sua essência, com uma qualidade que hidrata, nutre e ergue a vida de muita gente.

Somos desafiados constantemente, porque temos o que melhorar — sempre. Perfeição não existe, mas precisamos ter a coragem de assumir em que somos excelentes e em que podemos nos fortalecer ainda mais para seguirmos adiante.

Não tem receita pronta. Empreender é construção, é algo que a gente vem desenvolvendo hoje e sempre.

O Spa das Sobrancelhas nasceu numa sala comercial, pequeno, e hoje se firma como o maior centro embelezador do olhar do mundo. Por quê? Porque nós não ficamos fazendo a mesma coisa, da mesma forma. Estamos desenvolvendo nossas técnicas, nosso marketing, nossa estrutura, nossas ofertas e, claro, nossas habilidades.

O empreendedor é um excelente observador, está sempre enxergando oportunidades. Imagina, desenvolve e realiza. E, para continuar no processo de crescimento, é preciso se questionar sempre, em busca de respostas que possam melhorar seus resultados.

Lança perguntas à equipe do tipo: Como estamos trabalhando? Em que podemos melhorar? O que deveria estar acontecendo de um jeito e está de outro? O resultado que estamos alcançando é o esperado? Cuidado apenas para não fazer a mesma pergunta sempre ou correrá o risco de ter sempre a mesma resposta!

Hoje posso citar dois processos de desenvolvimento de habilidades que considero fundamentais na empresa, que visam alinhar com o time a visão, a missão e os valores da empresa.

1. Formação do profissional da ponta que atende o cliente. Desenvolvemos, capacitamos e habilitamos nossas consultoras de visagismo facial. Trata-se de uma nova categoria de profissional, até então não existente no mercado.

2. Programa de capacitação e gestão para o franqueado. Aqui, nós desenvolvemos nesses empreendedores ferramentas para que consigam gerir seu negócio nos aspectos humanos, financeiros e materiais. Em resumo, ajudamos essas pessoas a serem franqueados de sucesso, destacando que a primeira coisa que precisam ter é atitude para agir e humildade para estarem abertos a novos aprendizados. Se filhos não vêm com manual, empreendimentos também não. No entanto, ao optar por uma franquia, ele se adianta muito nos processos, pois não terá de testar para saber se dá certo. Além disso, recebe suporte, orientação e treinamento constante.

Ter um negócio de sucesso não significa que "você" terá sucesso.

Defino sucesso como resultado positivo de um percurso que me levou a atingir o objetivo. Para ter resultado positivo, preciso que "pessoas" façam coisas acertadas. Do contrário, o resultado será negativo.

Tudo bem que aprendemos com erros. Só que não há espaço para determinados tipos de erros. Se um piloto de avião não conseguir fazer a leitura de uma falha e corrigi-la rapidamente, o que poderá acontecer? A aeronave vai cair.

Veja o seu empreendimento ou a sua vida como um avião: Onde você está sentando atualmente? No lugar do passageiro, do tripulante ou do piloto? Assuma responsabilidades e vá em busca do que ainda lhe falta; o avião está pronto para decolar.

Para isso tudo acontecer, em nosso negócio contamos com uma equipe maravilhosa. Pessoas altamente capacitadas e comprometidas com a missão da empresa, que agora também é de cada uma delas. Conscientes de que estão em um projeto, não em um emprego e tampouco em um trabalho.

Sempre digo que, para atuar em uma determinada área, é preciso se reconhecer naquilo, ver o valor que tem para a autoestima e o bem-estar, e vibrar com o resultado tanto quanto a cliente que se entrega aos cuidados dela.

Nesse sentido, nosso papel é criar e aprimorar nossas metodologias, fazendo com que o ensino das habilidades necessárias seja cada vez mais efetivo e abrangente, pois estamos presentes em todo o país. Desafio dos grandes! E, afinal, não é assim em todo negócio?

Para que você identifique suas habilidades e se torne um profissional reconhecido por elas, compartilho a seguir algumas experiências.

Descubra no que você é bom

No Spa das Sobrancelhas, contamos fortemente com o interesse dos profissionais pelas pessoas, e também por conhecer ao máximo os produtos e serviços que estão vendendo, para que desenvolvam suas habilidades com mais segurança e prazer. Como eu fazia como vendedora naquela perfumaria.

Minhas colegas gostavam de papear dentro da loja. Agora, imagine um corredor de mulheres (doze, ao todo), com cestas de produtos, conversando. Quantas clientes deveriam se sentir mal só de entrar? Eu preferia ficar na porta e abordava-as com um belo sorriso, um caloroso bom-dia ou boa-tarde. Vendia muito mais rápido que as outras, porque ainda usava um truque para ficar gravada na memória delas:

— Meu nome é Jane. Se você se esquecer, lembre-se do Tarzan e de que eu tenho um olho de cada cor, um castanho e o outro verde.

A minha venda era diferenciada não só por isso. Nos cursinhos que eu fazia das marcas, aprendia sobre os princípios ativos dos produtos (como agiam, onde agiam etc.). E, enquanto as outras vendedoras batiam papo e falavam da vida dos outros, eu estava lendo a formulação dos produtos, além de memorizar os códigos.

Com essa base, desenvolvi a habilidade de sugerir tratamentos de hidratação dos cabelos misturando as melhores opções das minhas seções. Na hora em que eu atendia, eu não ia com o papinho manjado de vendedora. Sempre tinha argumentos novos para falar com propriedade daquilo que eu oferecia. Isso cativou representantes de marcas, chefes e, principalmente, clientes.

Essa e todas as outras experiências que tive, trabalhando desde os 13 anos, me mostraram que eu era realmente boa em vender e lidar com pessoas. É tão importante que cada um reconheça dentro de si quais são as suas grandes habilidades na vida! A prática vai colaborando para que você desenvolva outras complementares.

Por exemplo, até hoje, quando vou arrumar nossos produtos, organizo as fileiras certinhas, com o rótulo virado para frente. Incorporei essa disciplina no meu dia a dia e faço com gosto.

Se eu for juntando outras experiências como um grande quebra-cabeça, as peças se encaixam fazendo total sentido. Mas antes eram apenas peças.

Mais curioso ainda foi lembrar, não faz muito tempo, que dentro daquela perfumaria eu já tirava os pelos indesejados das sobrancelhas de várias colegas de trabalho com quem saía nos fins de semana. Elas faziam fila na hora do almoço. Encontrei uma delas numa feira de beleza, que refrescou minha memória. É verdade! Eu fazia isso!

Que bom que consegui transformar essa habilidade em um negócio lucrativo e ainda continuar embelezando as pessoas. Isso era tão fácil e comum aos meus olhos, que eu deixava passar despercebido. Percebeu? Não estava preparada para ver. Precisava continuar juntando peças desse quebra-cabeça, ou seja, experimentando, selecionando e aprendendo.

Se você ainda não sabe no que é realmente bom, experimente juntar as suas peças revivendo experiências e procurando coisas em comum. Isso pode ser revelador. Pode aprender. Ser bom naquilo que deseja depende só de querer.

Tenho um exemplo muito próximo, o Marko. Por ser um homem determinado e sensível em relação a tudo o que se refere às mulheres, rapidamente aprendeu como manejar uma pinça. Treinava com os pelos do próprio corpo e logo dominou a habilidade. Aprendeu não apenas como cuidar das sobrancelhas, mas tudo que poderia potencializar sua vontade de trabalhar com o embelezamento do olhar.

Tenha orgulho do que faz

Se uma das minhas grandes habilidades é vender, eu preciso dispor de todas as ferramentas possíveis para ser bem-sucedida nisso, não é? Não posso ter vergonha do que sei fazer bem. E eu expresso o meu melhor já no meu visual. Explico.

Estudos em psicologia e marketing confirmam que a primeira impressão é a que fica. Seguindo esse raciocínio, alguém que usa uma maquiagem linda certamente vai vender mais batons e corretivos do que outra de cara lavada. Assim como a gente fica mais animada de ir a um dentista que tem os dentes lindos, brancos, bem posicionados.

Por isso, eu acredito que os profissionais que vendem beleza têm na sua aparência um cartão de visitas poderoso para serem bem-sucedidos, despertando em clientes a vontade de se cuidarem mais e melhor. Intuitivamente eu já me embelezava desde quando trabalhava na perfumaria, e isso fazia com que outras mulheres quisessem ser atendidas por mim. Até hoje, não vou à padaria desarrumada.

Podemos vender antes mesmo de abrirmos a boca, ou seja, de formas não verbais. Desde o início do Spa das Sobrancelhas, por exemplo, sempre fiz questão de vestir roupas com o logo da empresa e incentivar minha equipe a fazer o mesmo. Em alguns lugares, uniforme é mero detalhe, mas, para empresas de sucesso, isso pode se transformar em um diferencial competitivo.

Nem só de *posts* e *flyers* vive a propaganda, existem outros formatos. Uma roupa personalizada da marca é uma forma de fazer divulgação, e você não deve ter vergonha de usá-la. O seu corpo também comunica. Essa atitude ainda contribui para passar uma mensagem ao mercado de que sente orgulho de trabalhar nessa empresa, e que ela é organizada e confiável.

O branco, então, está associado desde a Grécia antiga à pureza. Simboliza respeito, limpeza e higiene, além de transmitir paz. E os clientes gostam de ser atendidos por alguém que se veste de acordo com a sua atividade, porque isso denota profissionalismo, seriedade, competência, segurança.

Usar em si mesmo o que você vende não é despesa, e sim investimento. Vai trazer novos clientes ou fidelizar os que já tem. Ter bons produtos e serviços não basta, é preciso investir em formas alternativas de divulgar o seu negócio. Eu já comprovei que essa funciona.

Saiba o que você não domina bem

Naquela minha fase de entradas e saídas de empregos, que não duravam nem um ano, eu tive uma ideia de "gênia". Convenci meu pai, que a essa altura estava aposentado, com os filhos já trabalhando, a me emprestar um dinheiro.

De fato, eram uns trocadinhos dentro de um saquinho de óculos cinza-chumbo que ele guardava no pote de maionese. Se fosse hoje, equivaleria a uns 2 mil reais. Eu sabia, porque sempre escutava meu pai dizer "Eu tenho meu pé de meia", em tom de orgulho por ter conseguido juntar uma reserva.

Fui até a casa dele, bater um papo sobre o que vinha observando a respeito da lucratividade que os donos das lojas obtinham, comprando no atacado e vendendo no varejo. Eu queria tentar lucrar também, apostando na minha habilidade de vendedora. Nunca tinha ido a São Paulo e nem viajado para longe, apenas visto pela tevê o forte movimento de sacoleiros do país inteiro na 25 de Março, famosa rua do comércio popular paulistano.

Eu apostava que ia me dar bem. Ele concordou. Entrei no ônibus toda animada. Vi muitos brinquedos, mas eu estava interessada em pulseiras, relógios, anéis e outras bijuterias e semijoias. Queimei o dinheiro do meu pai com uma porção de peças, prometendo devolver assim que eu vendesse tudo e ainda dividir com ele a margem de lucro.

Quer saber? Eu já comecei errando, pois não incorporei ao custo da empreitada a despesa com transporte até a rodoviária. Tampouco a do táxi em São Paulo, que peguei por não saber me localizar na cidade e temer perguntar às pessoas na rua. Eu pensava "não posso falar que vou à rua 25 de Março, senão todo mundo logo vai deduzir que estou com dinheiro e pode me assaltar".

Eu só sabia que o paraíso estava nas redondezas, num prédio com várias lojinhas chamado Galeria Pagé. Era lá que eu precisava chegar. E foi lá que eu me realizei. Saí toda feliz com aquelas coisinhas e procurando visualizar o dinheiro entrando com a venda.

Assim, bloqueava a mente de ser dominada pelo medo de assalto antes que ela atraísse esse desfecho.

Realmente eu era uma boa vendedora. Nessa parte, eu fui muito bem. Consegui me desfazer de tudo. Só que não lucrei nada. Por quê? Uma coisa é vender, outra bem diferente é receber. As pessoas não pagaram, e eu tive responsabilidade nisso porque não fiz essa parte direito. Saber cobrar é um dom — que eu não tenho.

Sou supersimpática com as pessoas, atenciosa. Lanço aquele sorrisão que atrai clientes. Dou um abraço gostoso. Se emendasse com "Ó, me paga!", sentiria como se matasse o encanto. Era o meu direito. Afinal, quem compra tem que pagar! Entretanto, eu não me sentia bem em fazer cobrança, justamente por ter a consciência de que as pessoas têm essa obrigação. Só que o valor de um não é igual ao do outro. E eu não soube lidar com isso, porque era contra os meus princípios.

Os homens costumam ter sua relação com o dinheiro estimulada desde muito cedo. Ainda vivemos em um mundo que coloca a maior parte do poder aquisitivo nas mãos deles — cenário que pouco a pouco se transforma, com mais mulheres empreendendo e assumindo altos cargos. Mas, ao contrário de muitas mulheres que têm a habilidade de cobrar e negociar como mestres, eu não me vejo fazendo isso.

Como não me sinto à vontade e nem me visualizo sendo bem-sucedida nessa etapa do negócio, melhor nem fazer. Se insisto, vou perder o carinho, aquela coisa de que "A Jane entende minhas necessidades". Quando me forcei, passei a ser chata e perdi a amizade, a mercadoria, o dinheiro. Se culpei o outro? Não, eu me culpei.

Depois concluí que não tenho essa habilidade e pronto. Sinceramente, acredito que tudo que você quer você desenvolve. Mas essa habilidade de cobrar eu não quis desenvolver. Optei por continuar sendo uma excelente vendedora, mas trabalhando com um pessoal que seja bom de cobrança.

E quanto ao dinheiro do meu pai? Esse eu perdi. Felizmente, ele foi totalmente compreensivo. Abri o coração com ele, contei que ninguém me pagava e decretei que não ia mais fazer bate-volta à rua 25 de Março.

Nem por isso esmoreci ao ponto de pensar "Agora não vou tentar mais nada". Foi meu primeiro ato de empreendedorismo!

Valeu a iniciativa para eu saber que a atividade de sacoleira de bijuterias e semijoias não era um bom caminho. Não é fácil mesmo descobrir o que você quer ser e fazer da sua vida. O jeito é ir caminhando por tentativa e erro. Igual a namorar!

Achar o homem ou a mulher da sua vida no primeiro namoro é quase como ganhar na loteria. Primeiro, você precisa saber do que realmente gosta e do que não gosta num parceiro. Isso na verdade lhe permitirá conhecer mais de você. Para isso, ter mais de uma experiência ajuda. Senão, como vai ter parâmetros confiáveis?

Até conhecer o meu marido, por volta dos 19 anos, meus namoros foram sempre iguais aos meus empregos: duravam pouco tempo. Quando sentia que tinha estagnado, partia em retirada. Refletia comigo mesma: "Poxa, eu sou muito instável, inquieta".

Na realidade, estava me descobrindo, identificando meus gostos e talentos. Não faço coisas inacabadas. Se começo, termino. Esse é um dos acordos que eu tenho comigo. Minha conclusão: realmente aqueles romances tinham se esgotado; e, para tudo que chega ao fim, surge espaço para um novo início.

Diga a si mesmo que vai conseguir

Reconhecer uma habilidade que você não tem é tão importante quanto permitir desabrochar outras que possui. Digo isso porque, por exemplo, há mulheres que poderiam ser feras em Matemática, mas ouviram tanto na escola que somente os homens dominam bem o universo dos números e cálculos, que sufocam esse talento.

Também tem aquelas que cresceram ouvindo que vaidade é futilidade. Isso pode criar um bloqueio a quem poderia se tornar uma excelente profissional da área de beleza e bem-estar, que é uma das mais fortes no Brasil e no mundo, com excelentes oportunidades de crescimento e de realizações.

Só para dar uma ideia, nosso país segue firme no terceiro lugar em consumo de beleza, ficando atrás somente da China e dos Estados Unidos[5]. E um levantamento do Serviço de Proteção ao Crédito (SPC Brasil) mostra que, em tempos de crise, os brasileiros preferem cortar gastos com lazer do que com beleza, colaborando para que esse mercado tenha voltado a crescer a partir de 2016[6]. Como apenas 14% estão cuidando das sobrancelhas, significa que temos enorme potencial de crescimento[7].

---

5. INDÚSTRIA de Cosméticos dribla crise e projeta crescimento. Disponível em: <http://exame.abril.com.br/negocios/dino/industria-de-cosmeticos-dribla-crise-e-projeta-crescimento-dino890103433131>. Acesso em: 13 set. 2017.

6. NA CRISE, brasileiro escolhe cortar atividades de lazer em vez de gastos com beleza, aponta estudo do SPC Brasil. Disponível em: <http://www.cndl.org.br/noticia/na-crise-brasileiro-escolhe-cortar-atividades-de-lazer-em-vez-de-gastos-com-beleza-aponta-estudo-do-spc-brasil>. Acesso em: 13 set. 2017.

7. MUNDO S/A: A segmentação de mercado de estética e de serviços de salões de beleza. Disponível em: <http://g1.globo.com/globo-news/mundo-sa/videos/v/mundo-sa-a-segmentacao-de-mercado-de-estetica-e-de-servicos-de-saloes-de-beleza/5758159>. Acesso em: 13 set. 2017.

Mas, enquanto eu penso grande, quanta gente pensa pequeno, por alimentar um impedimento mental, uma barreira invisível, e nem sente! Digo aos meus colaboradores, amigos, filhos e a mim mesma que os pensamentos são poderosos — tanto para atrair coisas ruins quanto boas. Sem vigiá-los, fica mais difícil desenvolver todo o seu potencial e ter mais sucesso naquilo que quiser.

Tente visualizar, sentir internamente, acreditar em seus desejos, metas, passos que quer dar. Você tem que estar sempre ocupando a mente positivamente, assim não deixa entrar nenhum pensamento tóxico. Nada como adotar o hábito de reservar alguns minutinhos só para organizar quais são as coisas importantes que pretende realizar naquele dia.

O que você pensa sobre algo ou alguém vai afetar a si mesmo, por estar internalizando. Com base nesses pensamentos, você cria crenças e valores, que podem fazer com que se sinta perdedor ou vencedor. O que você escolhe?

Para exemplificar, tenho uma amiga que está muito bem profissionalmente, só que vem buscando mais propósito e prazer na sua vida como um todo. É extremamente inteligente, mas pensa muito nas dificuldades, é questionadora, tem opiniões muito bem formadas, difíceis de mudar. Ela quer saber se está na direção certa e enxergar o que falta para se sentir feliz. Para ajudá-la, eu a provoquei:

— Está faltando você vigiar os seus pensamentos. Você tem argumento para tudo, sabe tudo, fala tudo, já fez tudo. Não abre uma janela nova para ver as coisas por outra perspectiva mais positiva. Em que você realmente acredita quando age? Como você se visualiza?

Eu sabia que ela estava tentando uma colocação em outra grande empresa. Se fez uma boa entrevista e conseguiu expor todas as suas habilidades, mas saiu de lá pensando que tem um monte de gente tão boa concorrendo e que dificilmente será chamada... pronto, já se descartou!

Ser questionadora é ótimo. Mas, quando as indagações são pessimistas, as respostas e os resultados não são otimistas. Ser pessimista não tem nada a ver com ser realista.

Fico muito orgulhosa de ver que, na unidade do Spa das Sobrancelhas que instalamos em 2017, em Vassouras, interior do Rio de Janeiro, estamos mudando os pensamentos das mulheres. Aproximadamente 60% da população local é rural. E quando essas mulheres vão ao nosso espaço para se embelezarem, saem de lá se sentindo especiais, agradecidas, com os olhos brilhando, dando um abraço gostoso.

Elas contam planos que têm na cabeça, como "Agora, eu vou fazer...". Com esses pensamentos mais positivos, imagine quantas habilidades novas essas mulheres vão poder desenvolver?! É quando a gente sente que as empoderou, que fez crescer nelas uma força interior que lhes mostra que nada pode detê-las, uma força que as fará conquistar ou atrair o que precisam.

Quer ver um ato falho comum? É quando alguém responde que vai "tentar" ao receber uma tarefa. Muito melhor é mentalizar que tem as habilidades para realizá-la, ou não teria sido solicitado, e dizer que vai "conseguir" ou "entregar". É a mesma coisa quando responde que vai "procurar". Prefira se desafiar a "encontrar".

Por vezes, preciso lembrar a algumas pessoas:

— Não adianta ficar me falando o quanto foi difícil. Você vai ser visto de uma forma geral, na sua vida, pelos resultados positivos que mostrar.

O sucesso substitui todos os argumentos —
não era assim que Sigmund Freud dizia?

Os outros podem falar o que quiserem, contra ou a favor, bem ou mal. Foque em explorar muito bem as suas habilidades para apresentar ações concretas, mensuráveis e que beneficiem você e mais alguém. Quem age assim não gasta saliva justificando que é difícil ou que está sobrecarregado, vitimizando-se.

Melhore sua produtividade – separe demandas de processos

Falando em estar sobrecarregado, uma colaboradora vivia me dizendo que tinha muito trabalho e não conseguia entregar algumas coisas. Orientei:

— Para eu entender o que você faz, liste para mim as suas demandas. Assim, vou poder me situar e fazer novos pedidos quando você estiver menos sobrecarregada.

Eu já sabia qual seria o resultado — algumas demandas apenas e páginas de processos —, mas queria fazê-la enxergar isso. Por exemplo, sobre o agendamento de um cliente, "Eu tenho que pegar o telefone, abrir a lista de contato, localizá-lo, digitar os números, contatar o cliente, fazer perguntas, explicar o procedimento..." não é uma demanda, mas sim o fluxo da demanda, que chamo de processo. Por fazer essa confusão, a pessoa cria um estado mental de que tem muita coisa para fazer, quando apenas uma. Marcar um horário com o cliente.

Se a minha demanda é escrever este livro ou chegar ao Caribe, os detalhes de como vou fazer isso são apenas os caminhos. O importante é atingir o objetivo. O resto é processo, que você pode melhorar quanto mais desenvolver suas habilidades, gastando menos energia e tempo, aprendendo mais e se destacando como profissional.

Considero essa divisão mental importante, porque o resultado de entrega é reflexo do que acontece na mente. A partir dessa consciência é possível planejar as tarefas, classificar por ordem de prioridade, evitar que coisas importantes fiquem para trás, executar e entregar no prazo, fazer mais com menos recursos. Ser produtivo não é estar sempre ocupado. Contar história não é fazer história.

Para ganhar eficiência e agilidade nos processos, desenvolva, por todo o tempo, suas habilidades-chave.

A curiosidade de aprender e também a necessidade fazem com que a gente desenvolva várias habilidades que agilizam o trabalho, simplificando processos para gerar ainda mais resultados. Eu, por exemplo, mexo em todos os sistemas do Office que se possa imaginar, sem ter feito cursos. Embora não seja uma *expert*, além de dominar bem a ferramenta sei o que posso pedir a quem é *expert* no assunto.

Então, quando alguém me diz que não dá para fazer algo que estou pedindo, eu o desafio:

— Gente, não é possível que eu esteja pedindo uma coisa que ninguém nunca tentou.

O empreendedor deve assumir a direção, e não ir para onde o vento levar. Não aprendemos só quando nós erramos, também podemos aprender com as falhas dos outros, se quisermos ter um resultado diferente.

Reveja seus conceitos

Vou contar um segredo a você: na minha listinha de motivos para focar no Spa das Sobrancelhas, existia ainda a vontade de não querer mais ter funcionários. Eu estava com um pensamento errado de que "É difícil liderar pessoas". Achava fácil e gostoso atendê-las como clientes. Já comandar profissionais era outra história.

Fiquei com essa impressão quando estava à frente do Ma Belle. Eu tinha de providenciar demissão, rescisão e *otras cositas más*, que o nosso país não incentiva.

A maioria dos salões de beleza reparte metade dos ganhos com os profissionais, sendo que uma alta carga de impostos fica para o dono. E como eu prezava pela qualidade, ainda fazia questão de comprar os produtos em vez de fazê-los trazer os seus. Nossos dezesseis funcionários tinham carteira assinada, recebendo um salário fixo além do variável.

No final das contas, eu ficava incomodada por fazer um bom faturamento mas acabar quase de bolso vazio após saldar tantos compromissos com todos os custos de operação. E ainda ouvia reclamações.

Isso não estava me fazendo bem. Gerava uma energia ruim na hora dos acertos mensais! E você não pode pagar com dó, ou trava o fluxo energético do negócio. Eu trabalhava tanto, por priorizar a agenda, não parava nem para comer. Algumas clientes me aguardavam por uma hora ou mais.

Eu queria trocar de carro, ter casa própria. E estava difícil daquela forma, mesmo com salão cheio e equipe. Eu pagava me sentindo triste. E não podia ser desse jeito. Pensava: "A energia tem de ser outra. Você não pode pagar triste, porque as pessoas também trabalharam e merecem a sua parte".

Marko, que (além de tudo!) também é meu guru, me ajudou nesse processo energético de melhorar o pensamento na hora de pagar as contas, não vendo como saída, e sim como algo pelo qual eu tinha recebido. Nossa parceria e cumplicidade está em entendermos o momento de cada um e apoiando, mas também tentando mostrar o que o outro não está vendo claramente.

Por causa desse meu desejo de não ter equipe, montamos a primeira sala do Spa com a ideia de dividir tudo entre Marko e eu: tanto as tarefas e as preocupações quanto o lucro. Por ser um nicho específico, com menos serviços, não precisaríamos ter funcionários. No máximo, uma recepcionista. Eu pensava... porque não aconteceu desse jeito, não. Essa iniciativa abriu novas portas, gerando novas possibilidades que jamais imaginava ver naquele momento.

Atualmente, quando vejo a quantidade de gente que reunimos nos eventos da nossa rede de franquias e, especialmente, a folha de pagamentos do nosso grupo, eu me surpreendo. Para quem começou um negócio de sobrancelhas não querendo ter funcionários, hoje contamos com aproximadamente cem diretos. E é muito bacana assumir, aqui, que revi meus conceitos. Fui fazendo cursos e estudando liderança, que é outra habilidade básica do empreendedor de sucesso.

VEJA ALÉM

Você quer dedicar sua energia a quê? Essa decisão é um dos passos mais importantes na construção de um negócio. Muitas vezes, caímos na falácia de que devemos saber fazer tudo, cuidar de todos os processos, como se devêssemos ser os únicos a fazer a coisa acontecer, ou porque nos cobramos demais ou porque ainda não aprendemos a confiar nos outros. Como tudo na vida, são escolhas. Saber que você não detém determinada habilidade e que há pessoas que podem ajudá-lo com maestria nesse ponto, enquanto você coloca energia nas áreas de maiores retornos e oportunidades, pode ser a chave de que precisa para mudar radicalmente seus resultados.

capítulo 6

Sensibilidade e excelência

Juntando tudo o que aprendi em meus empregos e também com meus negócios antigos e atuais, fui percebendo um grande ponto em comum:

A importância de atender à necessidade das pessoas.
Vender é isso, e não querer empurrar o que interessa a você.

E como saber quais são as necessidades do momento? Observando e escutando, tendo sensibilidade para interpretar os vários anseios, problemas e sonhos que o seu público carrega. Não falo sobre ver e ouvir literalmente; refiro-me a enxergar e escutar — garanto que não são a mesma coisa, em especial se conseguimos nos colocar na posição do outro.

Quem quiser ter mais sucesso no futuro deve prestar máxima atenção à necessidade das pessoas *hoje*, dentro da sua área de atuação. Isso o levará a desenvolver produtos e serviços satisfatórios, que valham quanto custam. Mas não é só isso que importa para o consumidor moderno: é necessário tocá-lo.

Qual é a diferença da Apple para outras empresas que também vendem produtos eletrônicos, de informática e telefonia, além de sua incontável fortuna? Ela proporciona experiências de consumo, enquanto as outras apenas vendem, inclusive, com preços muito abaixo dos praticados pela prestigiada "maçã". Da degustação dos produtos no ponto de venda à embalagem, tudo é uma experiência de valores positivos. Não é à toa que traz em seu slogan o propósito "Pense diferente".

E o que faz a Disney em seus parques espalhados pelo mundo? A companhia não se concentra necessariamente nos ingressos que vende; ela se preocupa em criar experiências em todos os seus pontos de interação.

O empreendedor não precisa ser o Walt Disney ou o Steve Jobs para saber que **não é simplesmente o serviço ou o produto**:

O elemento que mais contribui para a fidelização é a experiência.

Certo dia, eu estava no centro da cidade do Rio de Janeiro. Era final de tarde, hora de tomar meu cafezinho sagrado. Mesmo sendo carioca da gema, ainda não conhecia uma das mais lindas e tradicionais cafeterias do Brasil, a Colombo, fundada em 1894, patrimônio cultural e artístico da cidade.

Fiquei, junto com umas trinta pessoas, em uma fila por quarenta minutos. Veja, eu estou falando de café, que já foi o principal produto de exportação da economia brasileira durante o século XIX até o início do XX. É cultura de consumo em nosso país. Facílimo de encontrar em praticamente cada esquina — até de graça, por ser servido como cortesia em muitos lugares.

Por que me mantive firme naquela fila, em pé, aguardando quarenta minutos, para tomar um cafezinho? Não era o cafezinho que me motivava e me tornava disposta a pagar. Era a experiência única e memorável que aquele lugar poderia me proporcionar enquanto saboreasse a bebida fumegante.

Eu fui atraída e também fidelizada por aquela experiência.

Não tenho dúvidas de que esse é o caminho do sucesso quando envolvemos produtos e serviços de qualquer segmento. Se a experiência estiver no cerne do posicionamento do seu negócio, você vai conseguir atrair, encantar, fidelizar e surpreender positivamente os seus clientes. Isso vale para a vida pessoal, amorosa e social; a boa experiência nos atrai e nos fideliza em qualquer que seja a área. O contrário também é verdadeiro.

Atrair é o que usamos para chamar a atenção, despertar o interesse. Pode não ser uma tarefa tão difícil, com tantos estímulos e recursos disponíveis e de fácil acesso que chegam rapidamente à grande massa. Basta usar as "iscas" específicas para o tamanho e o tipo de peixe que deseja pegar.

Fidelizar está vinculado à qualidade da entrega, e isso envolve a lealdade dos benefícios oferecidos e os aspectos sensoriais (tudo que o cliente sente), de modo que não seja apenas uma compra, e sim um momento memorável em que as necessidades são superadas em vez de somente atendidas. Não basta uma boa isca se o anzol que é o que fisga o peixe não é específico para ele; você até o atrai, mas logo o perde.

O espaço físico de seu ponto de vendas precisa proporcionar ao cliente conforto, comodidade, segurança e bem-estar. Tudo precisa estar limpo e organizado. A equipe deve estar muito bem preparada, tanto na sua apresentação física (vestimenta cuidadosa, aparência agradável e caprichada nos detalhes...), quanto na disposição e simpatia.

Com tudo isso apurado, é só iniciar os treinamentos mais conceituais e técnicos, ressaltando que o conhecimento dos produtos e serviços deve ser profundo. Importante dizer que as atualizações e reciclagens não podem parar nunca, para se manter a motivação e elevar a qualidade.

Pensando em tudo isso, durante uma análise de resultados, notei que um percentual de clientes fazia determinado serviço numa frequência abaixo do estimado. Logo, estávamos com um problema que passou a ser um desafio. Decidi pesquisar o motivo, reunindo pouco mais de mil clientes que tinham a indicação daquele serviço, mas ainda não haviam contratado ele.

Para dobrarmos as chances de assertividade nas estratégias, em paralelo, estava sendo feita outra pesquisa pelo meu departamento de marketing. Foi incrível a similaridade das respostas, mesmo com perguntas formuladas de maneira diferente. E o resultado desta pesquisa nos levou a aprimorar a técnica e elevar a experiência, com o intuito de atender às necessidades e aos anseios de nossos clientes com muito mais beleza, segurança e conforto.

Exaltar a beleza e o bem-estar como fator de experiência
e satisfação é nosso grande propósito.

Depois de abrir o Spa das Sobrancelhas, surgiram tantos outros desafios! Não seria possível falar de todos em um só livro, então escolhi um *case* da nossa área técnica de que gosto muito. Logo você entenderá o que vou explicar sobre a técnica que aprimoramos. Serei bastante sucinta, pois não é minha intenção me aprofundar nela neste livro. O que importa saber é que, no final, o que parece ser um problema pode não ser, se estivermos dispostos a olhar de outra forma, a pensar diferente.

Há um procedimento de longa duração (semipermanente), bastante popular no mercado de estética, que atua na correção ou no realce das sobrancelhas. Ele é indicado para sobrancelhas falhadas, com baixo volume ou desalinhadas. Ou até para quem deseja apenas preservar o design atual.

Falo de serviços como maquiagem definitiva, micropigmentação, dermopigmentação e microblading, que, ao longo do tempo, evoluíram no que diz respeito a equipamentos e pigmentos. Costuma-se usar uma espécie de caneta elétrica ou manual com agulha na ponta, que penetra na pele levando pigmentos até a camada mais profunda da derme, onde o pigmento fica retido.

À medida que o tempo passa, esse pigmento vai sendo eliminado da pele através de fatores internos ou ações externas. Muitas vezes, resulta em sobrancelhas com cores indesejadas, como azul, verde, laranja, cinza... o que chamamos de fantasia. É muito provável que você já tenha visto alguém assim.

Além da frustração de ficar com essa cor fantasia, outro problema apareceu em primeiro lugar na nossa pesquisa: a dor da agulha penetrando profundamente a pele, além do sangramento. Em segundo lugar, elas reclamaram dos desenhos: artificiais, muito marcados, grosseiros, bicudos ou quadrados, pareciam carimbos ou assinaturas pessoais (não do cliente, mas do profissional, já que ele a repetia em outros rostos).

Essas mulheres tinham uma necessidade, e nós só precisávamos atendê-la. Assim nasceu Dermolev, uma técnica que consiste em uma microesfoliação superficial em que se utilizam pigmentos da cor do pelo natural das sobrancelhas. Sem sangue, sem dor e sem traumas, exclusividade do Spa das Sobrancelhas. Quando comparam, nossas clientes afirmam que arrancar pelos é o que mais dói. Com a Dermolev, é possível preencher só as falhas que incomodam, então nem sempre é preciso pintar toda a sobrancelha. Mesmo aquelas que precisam de algo a mais conseguem um resultado bastante realista e natural.

Uma gama completa de valores é o ingrediente básico para desenvolvermos a Dermolev, somado ao conceito principal de utilizarmos luz e sombra. Assim, criamos uma ilusão de realidade tridimensional para atingir o realismo — sem marcas, linhas, carimbos ou saturação de cor que dê origem a cores indesejadas. Nos treinamentos, as consultoras de embelezamento do olhar passam por uma imersão até que estejam habilitadas a atuar na marca levando aos nossos milhares de clientes nossa paixão por meio das técnicas e nosso propósito.

Bom, eu escreveria um livro só para falar dessa técnica, devido a toda sua complexidade, e eu realmente amo isso. Como disse, fui sintética, apenas para resumir a experiência e o efeito da Dermolev na correção e/ou no realce das sobrancelhas. Muitas pessoas usam o lápis SDS especial para as sobrancelhas, pois ele atinge a mesma cor e o tom do pelo natural; também é uma boa opção para corrigir e realçar as sobrancelhas, mas é necessário aplicá-lo diariamente. Sabe qual é a diferença deste lápis para a Dermolev? É a durabilidade, que também consiste em liberdade, o que contribui imensamente para a vida corrida e agitada da mulher atual. A Dermolev tem uma durabilidade média de um ano, sem privação de toque, banho de mar ou de piscina, suor na academia ou na dança, entre outras situações de socialização em que nos envolvemos.

Lembra aquela parte em que eu disse que o pigmento introduzido na pele sai por ação interna ou externa, mas que as cores das técnicas antigas ficavam alteradas, com um aspecto esquisito? Então, na Dermolev isso não acontece, devido à sua superficialidade e a outros fatores que envolvem colorimetria. Com a Dermolev, assim como com o lápis, a cor não muda, apenas clareia — e com essa inovação, alcançamos os números estimados. E o melhor: aumentamos surpreendentemente a venda orgânica, que é quando, movido pelo prazer e pela experiência positiva, um cliente indica o procedimento a outros. Isso significa que, a partir do que se apresentou como um problema, enxergamos uma oportunidade.

Gosto de dizer que nosso Grupo Beauty e a rede Spa das Sobrancelhas não vendem só produtos e serviços, e sim experiências. Um de nossos maiores desafios é entender que precisamos ter resultado financeiro, por este ser a energia fundamental para um negócio se manter vivo. Entretanto, ganhar dinheiro não pode estar em primeiro plano. É consequência. Em outras palavras, o resultado financeiro mensura a qualidade da experiência que proporcionamos àqueles que nos prestigiam e pagam felizes e transformados.

Falando em transformação, todo negócio, de algum modo, deve gerar uma transformação na vida de seu cliente. Por isso, incentivo você a refletir sobre estes pontos:

- **Ponto 1** – Qual tipo de experiência você está proporcionando ao seu cliente?
- **Ponto 2** – Como está mantendo seu patrimônio (cliente) e fazendo com que ele cresça, se multiplique?
- **Ponto 3** – Para melhorar seus resultados, quais necessidades você atenderia e como?

Como eu gosto de gente, em especial gente realizada e feliz, sinto um enorme prazer em procurar compreender o que cada um sente e quer. Para isso, duas palavras-chaves em minha vida são **relacionamento** e **envolvimento**.

Essa empatia é uma grande habilidade a se desenvolver, principalmente nos dias atuais, quando a população mal se olha nos olhos. Dá para mudar isso. Mesmo que seu tempo seja curto, basta que você diga bom-dia e fale que o céu está lindo, por exemplo, para ouvir algo que permitirá captar o tom de voz e o astral do seu interlocutor.

Meu objetivo é alcançar um grande número de pessoas por intermédio da beleza, que defino como um estado de harmonia que gera satisfação, promove bem-estar e ativa sentimentos positivos. Significa sentir-se saudável, amar e ser amado, ser feliz com tudo que é e tem.

Esse estado de harmonia gera forças para conquistar bens materiais, emocionais, ou seja lá o que estiver em suas metas. Reconhecer as pessoas que estão nessa sintonia é fácil: está na postura, no jeito de andar e, principalmente, nas expressões faciais.

Isso gera outra boa reflexão, que certamente vai apurar seu nível de sensibilidade e excelência como empreendedor: Como você quer atingir as pessoas? Tem um objetivo que combina com o desejo e a necessidade de mais alguém, ao ponto de atrair, encantar, fidelizar como cliente e, principalmente, satisfazer para que queira indicá-lo? A indicação é um medidor de qualidade, simboliza aprovação, e isso aciona outros importantes indicadores para o sucesso de qualquer empreendimento.

As respostas também lhe darão forças, como dão a mim, para conquistar um poderoso *mix* de realização pessoal e profissional. Para irmos mais a fundo nesse ponto, detalho a seguir algumas atitudes que você pode tomar.

Analise cada pessoa por inteiro

Cada um de nós possui a própria digital, sua identidade e sua personalidade. É justamente essa diferença que nos torna interessantes uns aos outros — tanto para conhecermos possibilidades quanto para nos conectarmos ao que é incomum —, o que sempre acaba criando oportunidades em campos distintos.

Quando estávamos à frente do salão Ma Belle, já trabalhávamos com esse diferencial de **enxergar a singularidade de cada cliente para atender à sua necessidade específica**. Marko e eu não estávamos preocupados com o concorrente (aquele salão famoso, no mesmo bairro, que recebia artistas), mas, sim, com cada entrante no nosso. Afinal, era mais um cliente que conquistávamos. Queríamos dar aquilo de que precisava, superando as suas expectativas.

Engana-se quem pensa que o Spa das Sobrancelhas faz sobrancelhas. Este é apenas um item num conjunto complexo que compõe o olhar. Ao tocar em alguém, conversar nos instantes do atendimento, eu me imagino afagando sua alma. E tenho o retorno de que trabalhei bem toda vez que ouço, espontaneamente, seus novos planos a partir daquele resultado com o embelezamento do olhar. São carregados de esperança, força, empoderamento, alegria e satisfação.

O mesmo é válido para qualquer empreendimento. Você não oferece apenas um produto ou serviço que contém as tecnologias *x*, *y*, *z*. Não! O valor que você entrega, por meio do que tem a oferecer, vai muito além dos aspectos técnicos. É sobre os benefícios que você pode gerar ao seu cliente, as transformações que podem acontecer na vida dele a partir do "sim" que ele compartilha com você e seu negócio.

Trabalhamos para atender às necessidades individuais, e atingimos a excelência quando superamos as expectativas. Portanto, aprendemos muito com os feedbacks espontâneos.

No início de cada atendimento, nossas consultoras devem realizar uma técnica que denominamos PRS (pergunta, resposta e suporte). Trata-se de uma conversa que permite conhecer melhor quem é o cliente, como vive e qual necessidade quer ver atendida. Passo de um atendimento fundamental de sondagem para atender a seus anseios e ir além, de modo a fidelizá-lo.

Recebeu uma crítica? O melhor é acatar com um olhar construtivo. Ninguém acerta em tudo, o tempo todo. Se você acredita em perfeição, tenderá a achar que não precisa mais evoluir, e temos de estar sempre aprendendo.

Apenas não devemos relaxar nos erros com a justificativa de que "sou ser humano". Quantos usam isso como bengala! Sabemos que não é por aí, não funciona assim. Persistir em erros não é inteligente, e uma das coisas que nos diferem de outros animais é a capacidade de pensar.

Em princípio, você tem todo o direito de vacilar naquilo que não conhece. É por isso que investimos tanto em nosso centro técnico, que é o lugar para treinar.

Depois que você ganhou consciência de como se faz, tem a obrigação de aprender e se desenvolver naquele campo de atuação.

Conecte-se com quem está atendendo

Para elevar a experiência e atender bem, oriento as minhas consultoras: sempre que atender uma pessoa, procure se conectar 100% a ela. Não tem celular, nem conversa paralela. Nas duas primeiras unidades do Spa das Sobrancelhas, a minha recepcionista sabia que não podia pronunciar uma palavra do meu lado. Se precisasse entrar na sala, escrevia num papel a mensagem urgente para eu ler, pois aquele momento era especialmente dedicado ao cliente, e nada mais.

É como no filme *Avatar*. Quando a personagem de trança longa se conecta a um *banshee*, antes de montar, é sugerido que sinta o coração dele pulsar, o sangue correr nas veias. A mensagem do filme era fundamentada no amor e no respeito com os seres vivos, mostrando que, se é para estar com alguém, que seja de verdade. Conexão um a um.

Em nosso caso, estamos ouvindo o que cada cliente quer e precisa, e também *como* precisa. No momento em que aplicamos a técnica PRS, ficamos sabendo quais são seus anseios, gostos e outras informações importantíssimas para entendermos como e *se* podemos ajudar. Desviar a atenção, jamais, isso é desrespeito.

Se o cliente não volta, muito provavelmente é porque não está ocorrendo essa conexão para que você entenda (e atenda) a principal necessidade dele. Com isso, coloca a cereja do bolo para os concorrentes. Eu não me preocupo com a concorrência, só quero continuar inspirando-a. E você?

Não é maravilhoso quando você entra num lugar e se sente respeitado e acolhido por quem o atende? Adoro provocar esse sentimento em meus clientes, pois também adoro recebê-lo, assim como você.

Todos nós gostamos disso e retribuímos com um "Gostei do atendimento, vou voltar". Tudo o que não queremos ouvir é o oposto: "Atendimento péssimo, nunca mais volto aqui".

VEJA ALÉM

Ser reconhecido como líder de mercado, pioneiro, profissional inovador não é algo que acontece por acaso. Você precisa estar comprometido em sempre fazer o melhor, de uma forma que se diferencie da maioria. Entregando resultados excelentes e que verdadeiramente atendam à necessidade de quem o procura. Além disso, é fundamental sempre cumprir as promessas que faz aos seus clientes – independentemente de quanto aquilo custa. São valores que seguimos e fizeram a diferença no nosso negócio, como tenho certeza de que farão em seus projetos.

capítulo 7

Respire o seu sonho

TER UM SONHO É DESEJAR TER OU CONQUISTAR ALGO, SEMPRE NO FUTURO, pois o que está no presente podemos definir como vontade. Quando desejamos algo para realizar lá na frente, passamos a sonhar com isso. E, à medida que sonhamos, passamos a desejar cada vez mais e mais.

Quanto maior for esse sentimento, maior é o foco que damos, o que significa dizer que melhor o enxergamos na tela de nossa mente. Imagine uma câmera fotográfica sem foco. Você não consegue ver uma imagem nítida da fotografia, certo? A importância de focar em algo é ter uma imagem clara e bem definida.

Se existe na sua mente essa imagem clara e bem definida, igual à foto capturada com uma câmera de alta resolução (com todos os detalhes nítidos do que você sonha alcançar), então você sabe o que quer, e seu sonho passa a ser uma meta.

A distância a percorrer para alcançar um sonho, imagino eu, deve ser proporcional ao desejo (foco) e ao tamanho desse sonho (o quanto ele é factível).

Imaginar um futuro de sucesso com seus sonhos realizados é, sem dúvida, uma razão de viver, avançar, evoluir, aprimorar e progredir. Imagine se não fôssemos capazes de sonhar? Seria difícil pensar no futuro. Agora, pense um pouco comigo sobre qual é a sua motivação para levantar todos os dias. Já sabe?

Tenho certeza de que a sua resposta tem relação com futuro,

sonhos, desejos e esperanças. Ver os filhos crescerem, os netos nascerem, ser bem-sucedido, reconhecido, comprar uma casa, conhecer outros países, casar, ganhar muito dinheiro. Enfim, algo que lhe proporcione prazer e bem-estar.

E mesmo que você já tenha alcançado um grande sonho, uma meta, um objetivo... um novo sonho, uma nova meta, um novo objetivo florescerá. É da nossa natureza.

Certamente você já conquistou algo que desejava demais, que talvez não fosse tão fácil de conseguir, mas com foco, determinação e persistência você buscou o que era seu, o que merecia, o que batalhou para ter.

Quem sabe uma viagem? Uma roupa ou bolsa de uma grife incrível? Um eletrônico de última geração? A sua primeira franquia? O que acontece depois? Desejamos outra coisa, adquirimos novos sonhos e determinamos novas metas.

E se não olharmos para o futuro, como sonhar com algo? Precisamos desse combustível para acordarmos com energia e vontade todos os dias, saindo de casa levando a bagagem das experiências vividas no passado (ontem), a expectativa e alegria do presente (hoje, agora) e a esperança de um amanhã, que é onde está o seu sonho.

Importante saber que o sonho que está lá na frente vai se tornar "presente". É nisso que devemos nos concentrar, para nos automotivar a entrar em ação.

Chama de esperança, desejos e sonhos

Cada vez mais aumenta o índice de pessoas com doenças psicossomáticas, e isso mostra que o acúmulo de problemas não resolvidos, não trabalhados, resulta numa manifestação orgânica, que pode ser física ou não — como tensão nervosa, depressão, agressividade, dependências químicas, gastrite, bronquite, hipertensão, psoríase, herpes, entre outras, que podem brotar do nada.

Do nada? É aí que a gente se engana. Essas manifestações têm origem, e muitas vezes são emocionais. Brotam de algum lugar, e esse lugar é a mente, isso porque nosso organismo é composto por sistemas que interligam o corpo e a mente. Sei que ninguém deseja ficar doente. Não estou dizendo que alguém fica pensando em atrair qualquer doença que seja para si. Falo da confusão mental, da bagunça que permitimos que nos consuma por dentro em alguns momentos. Devido às circunstâncias da vida, emoções agradáveis e positivas parecem ser esmagadas por sentimentos de fracasso, injustiça, abandono, perda, frustração. Sentimentos que nos deixam vulneráveis a qualquer agente oportunista, físico, químico ou até mesmo espiritual. É preciso mudar a forma de ver os acontecimentos e mudar o estado emocional.

Eu me relaciono com muitas pessoas e vejo isso o tempo todo. Muitas vezes, elas têm marcas de expressão profundas no rosto que são reveladoras de sinais de descrença, desconfiança, dúvida, olhar de desânimo, fraqueza, cansaço, desamor. Meu desafio é reverter esse estado negativo em sentimentos positivos, e isso pode ser a fagulha para acender a forte e ardente chama de esperança, desejos e sonhos que estava apagada em meio a essa escuridão.

É claro, durante nossa jornada haverá momentos turbulentos e extremamente desafiadores. Sugiro respirar profundamente. Para ser ainda mais categórica, inspire com vontade o ar pelo nariz e visualize seu sonho bem diante de você, oxigenando sua mente. Em seguida, expire todo o ar poluído pela boca, visualizando estar saindo de você qualquer sentimento nada nobre. Repita o processo, respirando o seu sonho.

Por acaso você ainda está na fase que não sabe seu propósito de vida, o que deseja e sonha? Pode começar a descobrir fazendo a si mesmo duas perguntas:

1. Em que você **verdadeiramente acredita**?
2. Qual é a **sua paixão na vida**?

Por gostar demais de cuidar das pessoas, eu cheguei a cursar enfermagem, mas depois concluí que não me realizaria na área da saúde. Não era o que me deixaria feliz, por mais que entendesse o bem que poderia fazer. Admiro e valorizo os profissionais dessa área.

Entretanto, sabemos que os melhores são aqueles que amam o que fazem. Digo nos nossos eventos e entrevistas que trabalhamos com a melhor parte da saúde, na minha visão, que é a emocional. Eu acredito que bem-estar e autoestima previnem algumas doenças e contribuem na recuperação de outras.

Como eu me realizo dentro desse mercado e acredito na relevância dele para as pessoas, respiro esse sonho diariamente, desde o momento em que acordo. Conforme já disse, amo colocar cílios postiços, fazer maquiagem, soltar o cabelo para ir trabalhar. Minha filha também está se tornando uma "mini-Jane". É uma delícia vê-la atraída pelo universo da beleza, construindo sua autoestima desde criança.

Tenho a vida que eu quero, a família com que sonhei, o trabalho que desejei. E continuo sonhando, simplesmente porque estou viva, assim como você. Então, posso ter um novo sonho, ou mesmo melhorar meus resultados. No coaching, aplicaríamos o método FARM: tenha **foco**, entre em **ação** e você terá um **resultado**; agora, basta promover a **melhoria**.

Saí de um lugar que não faria nada por mim — e que ainda me chamava de sonhadora, lembra? Só que eu imaginava o seguinte: "Meu pai está dizendo que eu penso muitas coisas, e não que busco o inalcançável". Era assim que eu absorvia, via e sentia dentro de mim. Eu digo: sempre tem um jeito, um ângulo positivo de olhar e sentir as coisas que nos dizem. Não podemos controlar o que as pessoas falam para nós, mas podemos controlar o que sentimos.

O alimento da minha alma é promover o bem-estar e a autoestima das pessoas, empoderando-as para que administrem suas preferências, suas características, sua individualidade, a partir do embelezamento do olhar. Esse conceito da marca Spa das Sobrancelhas foi desenvolvido por mim e meu marido, e é um sonho que tornamos realidade. O nome é Spa das Sobrancelhas, mas o conceito "embelezamento do olhar" vai muito além de fazer sobrancelhas.

Inicialmente, eu tinha uma capacidade de atendimento de trinta pessoas por dia. Sonhei e desejei mais. Hoje, atendo, com minha rede de franquias, mais de 150 mil pessoas. Isso corresponde a um faturamento aproximado de 100 milhões de reais por ano. Um bom momento para lembrar do dito popular: "Dividir para multiplicar".

Você não imagina o quanto eu me realizo, alimento minha alma, em ver tantas pessoas sendo atingidas positivamente com o que nasceu de uma ideia. Pois essa ideia virou um sonho e hoje é realidade. Não apenas para mim, mas para todos que eu emprego direta e indiretamente, para aqueles que realizaram o sonho do negócio próprio e, mais importante, para todos os clientes que confiam de olhos fechados no nosso trabalho.

Infelizmente, muitas pessoas têm sonhos lindos que acabam perdidos nos caminhos da vida, agonizam e morrem. Para que você mantenha os seus bem vivos, experimente fazer uma analogia com o próprio ato da respiração, levando oxigênio para a corrente sanguínea, os órgãos e as células.

Cada vez que realiza o ciclo de inspirar e expirar, está atendendo a uma necessidade do seu corpo, certo? Pois seus sonhos também precisam ser atendidos com "ar" de qualidade, passando pela sua essência, sua vontade, sua identidade. E quanto mais você "respira" profundamente seus grandes desejos, mais saúde física, mental e emocional consegue para concretizá-los.

Como eu disse, perceba ainda que primeiro você deve inspirar, ou seja, trazer para dentro as referências e informações que encontra nos ambientes externos. Daí, deve absorver somente o que interessa (assim, não acumula substâncias tóxicas), para finalmente expirar os sonhos, as ideias, os projetos que se formaram no seu interior. E eles são seus por direito.

Assim como você não pode parar de respirar, trate seu sonho como o ar que lhe mantém vivo. Funciona!

A seguir, compartilho meus sonhos. Venho "respirando" muito cada um deles, pois certamente são comuns a quem quer ter sucesso empreendendo. Eles podem ser inspiradores a você que também deseja, a partir de uma boa ideia, construir um projeto de vida.

Sonho de fazer crescer o negócio

Depois de vencer várias batalhas — como abrir o negócio, trazer clientes, ficar com as contas no azul —, empreendedores com E maiúsculo ficam com sede de crescer, não é mesmo? Mas como? Qual estratégia combinaria melhor? Essa é uma pergunta crucial a se fazer, para que esse sonho não vire frustração.

No nosso caso, não entramos nesse mercado só para ganhar dinheiro. Foi para atender a uma necessidade. Naquele momento, era de crescer porque ouvíamos das pessoas: "Quero mais", "Abra uma sala no meu bairro"... Ao conhecer a primeira unidade (no bairro carioca do Méier) e pedir mais, o público final validava o bem que fazíamos, acima de tudo, ao seu emocional.

Em 2009, inauguramos a segunda loja, no bairro da Tijuca, e lançamos o Nutrifix (nosso primeiro produto da marca, um gel que estimula o crescimento dos pelos das sobrancelhas, nutre e alinha os fios indisciplinados, modelando-os), aprovado por milhares de mulheres. Chamamos de anjo da guarda, toda mulher anda com um na bolsa. Eu cuidava de uma unidade e Marko, da outra. Se abríssemos uma terceira, quem iria se responsabilizar? Os vários aprendizados que tivemos na vida pessoal e profissional nos amadureceram. Estávamos mais cautelosos.

Por isso, inicialmente, tomamos a decisão acertada de procurar o Serviço Brasileiro de Apoio às Micro e Pequenas Empresas (Sebrae), que oferece um suporte valioso aos pequenos negócios do nosso país. Ali, constatamos que estávamos criando um nicho de mercado inédito e fabuloso para franquear.

Na analogia da respiração, há momentos em que um empreendedor sente que precisa de oxigênio extra para dar mais gás ao seu negócio. Nessa hora, pode valer a pena buscar a consultoria de quem é *expert*, em vez de dar ouvidos a curiosos (que podem propor soluções erradas e acabar poluindo seu ar).

O consultor do Sebrae avaliou que tínhamos conhecimento e *expertise*. Entre várias orientações valiosas para formatar uma franquia, tomamos como desafio ensinar outras pessoas a fazer o que fazíamos. Então, ele nos indicou franquear uma das duas unidades já montadas. Conforme ele recomendou, seria ótimo sentirmos as dificuldades reais de alguém sem a nossa *expertise*, para podermos lapidar o "diamante bruto" e iniciar a estruturação do plano de negócio.

Testamos o modelo com uma cliente interessada e, assim, identificamos os principais gargalos do negócio. Eram perfeitamente solucionáveis, o que tornava nosso "diamante" ainda mais valioso. A partir daí, formatamos o modelo de negócio e fomos desenvolvendo os meios necessários para tornar a nossa marca uma franquia de sucesso — como, de fato, se tornou.

É fundamental buscar conhecimento visando aplicar ou desenvolver habilidades para melhorar o desempenho em qualquer área ou setor da vida pessoal e, principalmente, da profissional. Foi o que eu fiz e vivo fazendo até hoje. Um ótimo exemplo foi termos procurado consultoria especializada em empreendedorismo.

Tudo isso mostra *como* fazer aquilo que você deseja. Mas, antes de querer saber como chegar a algum lugar e gastar recursos para atingir o sucesso em determinada área ou setor, é necessário ter clareza de *por que* você quer isso.

Por quê?
Por que você viajaria à Disney ou a qualquer outro lugar?
Por que você faz determinada faculdade?
Por que você está com esse namorado ou marido?
Por que você tem filhos?
Por que você escolheu trabalhar nesse negócio?

Sabe o que as pessoas mais bem-sucedidas do mundo têm em comum? Elas se fortalecem na clareza de saberem o porquê das coisas que escolhem. O passo seguinte é decidir o *como*. É o caminho que nos leva para onde definimos ir. Eu tenho que saber *para onde* e, especialmente, *por que* eu acredito nisso. É nesse ponto que residem todas as forças que garantirão que não vamos desistir até atingir o sonho.

Fácil não é, imagino que para ninguém. Cada um passa pelos seus medos, aprovações, desafios, angústias, fracassos. Porém, se o motivo de você ter escolhido fazer algo for realmente forte e poderoso para sua vida, vai saber lidar com inevitáveis mudanças de rota, enfrentar o mau tempo, aprender novos costumes, ter novos hábitos e desenvolver habilidades.

Eu, por exemplo, sabia que queria estar no mercado da beleza. Confesso que nem sempre soube disso. Mas percebi que sempre esteve presente em mim, à minha volta, nas coisas pelas quais eu tinha maior interesse em conhecer, ler, aprender, pesquisar. Eu só não sabia ainda que meu propósito de vida estaria ligado ao que eu nem sequer reconhecia como habilidade.

Às vezes, fazer algo é tão fácil para nós que não reconhecemos como habilidade, não enxergamos como algo especial. Isso é muito legal, pensa só. Quando fazemos algo de que gostamos, sentimos prazer. É tão fácil realizar, que nem percebemos o tempo que passamos fazendo a mesma coisa e tornando-a cada vez melhor. O que, por sua vez, nos proporciona bem-estar.

Agora, imagine-se fazendo exatamente o que lhe dá prazer, tornando o que poderia ser uma espécie de *hobby* em um meio de vida? Isso é maravilhosamente possível.

Quando eu consegui me imaginar fazendo pelo resto da minha vida o que faço hoje (promover o bem-estar e a autoestima das pessoas, empoderando especialmente as mulheres, que é o meu maior público, com sentimento de plenitude), foquei em melhorar os resultados do serviço que eu oferecia. Queria atender mais e mais pessoas. Com isso, o caminho, o *como*, foi se revelando a partir das necessidades, para eu obter melhores resultados. Viu a necessidade atendida? Esse é meu lema.

Perceba que o sucesso financeiro foi uma consequência, não a finalidade.

Sonho de ser (re)conhecida pelo trabalho

Da mesma forma que o ar está em todos os lugares por onde andamos, nossos sonhos também. Tudo nos faz lembrar daquilo que desejamos, onde quer que estejamos. Mas quando temos dificuldade de respirar (porque estamos resfriados ou num local sem ventilação, por exemplo) nos sentimos incomodados. Tudo o que queremos é sair daquela situação ruim.

Pois esses e outros dificultadores de respiração podem ser comparados às pessoas e situações que ficam tentando, intencionalmente ou não, atrapalhar o nosso ciclo de progresso. Ainda na analogia, quem tem referências diferentes das nossas pode querer "poluir" o nosso ar — ou mesmo tirá-lo de nós.

Sei bem do que falo. Marko e eu não nos influenciamos por quem disse que íamos passar fome, que éramos malucos de focar em sobrancelhas. Acreditamos que a nossa ideia de negócio ia dar certo, pois estávamos fazendo algo diferente, original e com essência. E o sucesso trouxe um gosto especial de reconhecimento que Marko e eu almejamos ter.

Hoje, fico me lembrando das rasteiras que tomamos e vejo que a persistência foi nossa aliada para manter o fôlego — sempre tendo forte consciência do porquê da minha escolha. Uma delas me marcou muito. Foi quando ainda era cabeleireira.

Desenvolvi uma técnica de criar ondas e cachos com o pranchão; eu a chamava de prancha raquete (primeira versão da chapinha elétrica), lançada para esticar os fios depois de escovar os cabelos. Mas o que muitos não sabem é que, antes de ser elétrica, essa ferramenta era toda de ferro com cabo revestido de madeira e esquentada na chama do fogão. Tinha o ponto certo de aquecimento, e com um pano era medida e testada a temperatura ideal, para não torrar os fios, o que era muito comum acontecer.

Havia outras ferramentas de beleza com essas mesmas características, como uma tesoura chamada Marcel[8], que deu origem ao babyliss; também tinha o pente de ferro, conhecido como pente quente. Eu comecei a usá-las antes dos meus 10 anos completos. As orelhas e a nuca estavam sempre com casquinhas de queimadura; mas, como ocorre com tudo que se insiste em repetir, aprimora-se o processo até que possa ser possível reinventá-lo.

Quando foi lançado o pranchão (prancha raquete), eu usei as habilidades que já tinha desenvolvido com muito mais eficiência. Então, enquanto todos estavam esticando (objetivo inicial da prancha), eu já cacheava ou criava ondas ou efeitos nas pontas para valorizar o corte ou até esconder pontas irregulares. Meus clientes ficavam impressionados.

Numa grande feira de beleza, procurei o estande de uma empresa fabricante de pranchas, secadores e babyliss, que tinha um espaço na tevê. Ela tinha recém-lançado uma segunda versão de prancha, um pouco mais estreita. Eu pensei: "Será ali que eu vou acontecer". Propus ao representante da marca uma parceria, a fim de ganhar visibilidade como cabeleireira e melhorar o resultado do nosso negócio na época.

Resumo da ópera: ainda que o executivo não nos desse o devido crédito, fazendo expressão de incrédulo em imaginar não ser possível usar algo reto para fazer voltas (imagine, cachos!), aceitou que eu me apresentasse. Depois que iniciei a apresentação no palco, em poucos minutos, haviam esgotado todas as pranchas do estande.

8. Com chapas de ferro no lugar de lâminas, e com cabos de madeira, a tesoura Marcel foi inventada pelo cabeleireiro francês Marcel Grateau.

Ele, espertamente, chamou uma profissional técnica de sua empresa para me ver trabalhando e a cutucou sussurrando: "Olhe isso e aprenda". Depois, nos levou a uma sala, apresentou todos os produtos, falou sobre a possibilidade de eu ter espaço na tevê e terminou a conversa com "Vamos fazer sigilo, ligo para vocês".

Em aproximadamente um mês depois daquilo, apareceu na televisão que a tal empresa vendia "a prancha que faz cachos", com outra mãozinha que não era a minha mostrando a minha técnica. Fiquei brava, reclamei comigo mesma. Eu sentia que havia perdido minha chance de ouro. Marko me acalmou:

— Vamos em frente.

Doeu ver a minha ideia ser apropriada por outros como se fosse invenção deles. Foi como se roubassem um pedaço da minha história, como se tivessem tirado o meu "ar". Explico. Lembra que eu perdi minha mãe muito cedo e precisei aprender sozinha a ser feminina? O que havia dentro de casa e via minha mãe usando: um produto, popular na época, que alisava e tingia ao mesmo tempo, um pente de ferro e a precursora da prancha elétrica, a tesoura Marcel.

Quando me tornei cabeleireira profissional já tinha a habilidade para manusear esses objetos. Criava efeitos que as outras pessoas nunca imaginaram fazer. Curiosa, especialmente quando comecei a trabalhar no centro comercial, fui conhecendo as alternativas que despontavam nas lojas. Digamos que eu fui evoluindo junto com a indústria da beleza.

Sabe, você será testado. O tempo todo, as pessoas vão desafiar sua paciência, benevolência, força, espiritualidade, paixão, capacidade de persistir nos sonhos e desejos. Vão falar ou fazer coisas que você não vai aprovar. Nesse momento, estar ao lado de pelo menos uma pessoa que diga "Vamos em frente" pode ser tudo.

Mandei um e-mail para a tal empresa dizendo: "Que legal, como vocês desenvolveram? Adoraria conhecer a história que deu origem à técnica".

Nunca recebi resposta.

A segunda rasteira marcante foi quando desenvolvi um tratamento para ativar a circulação do couro cabeludo, estimular o crescimento dos fios e paralisar a queda proveniente de ações externas. Ingênua, revelei a uma empresa fabricante de cosméticos o que eu fazia, como fazia, quais resultados obtinha. Os dirigentes copiaram a minha ideia e lançaram o produto, sem qualquer menção ao meu nome, contrariando o meu objetivo.

Mesmo chateada pela falta do reconhecimento, continuei desenvolvendo soluções, inovando. Continuei indo em frente, assim como a Dory, personagem do filme *Procurando Nemo*, que mediante seus desafios insistia em repetir "Continue a nadar, continue a nadar".

Com essas duas situações, aprendi diversas lições importantíssimas. Uma delas foi esta: não falar aos outros sobre aquilo que estamos desenvolvendo sem antes nos precaver de nossos direitos autorais. Às vezes estamos apenas sendo preparados para algo muito maior.

Nossa primeira preocupação com o Spa das Sobrancelhas foi obter o registro de marcas e patentes, inclusive dos direitos intelectuais. Assim, ninguém poderia tirar essa criação dos fundadores Marko Porto e Jane Muniz. É nosso patrimônio, fruto de muito trabalho, pesquisa, criatividade e visão empreendedora.

À medida que percebemos a necessidade, crescemos.

Desde 2011, quando o Spa das Sobrancelhas ingressou para valer no mercado de franchising, o crescimento passou de sonho a realidade. No ano seguinte, partimos para a expansão nacional, com dezesseis unidades vendidas, e, em 2013, já comemorávamos 250 unidades nas cinco regiões do país.

Significava um crescimento de 703% no faturamento. Nessa mesma época, lançamos linhas próprias de produtos dermocosméticos e inauguramos nossa própria empresa de logística e distribuição de produtos.

Em apenas dois anos, também conquistamos o selo de excelência no segmento pela Associação Brasileira de Franquias (ABF). Em 2014, tivemos um aumento de 126% no faturamento da rede, de 70% no faturamento médio das unidades e de 40% no *ticket* médio. Também criamos o primeiro quiosque Spa das Sobrancelhas, um novo modelo de negócio.

Para formar profissionais especializados, abrimos, em 2015, o Instituto Muniz Porto. Além disso, ultrapassamos a marca de trinta quiosques, lançamos uma linha de dermocosméticos masculinos e inauguramos a nossa empresa de depilação. A Epilare Spa funciona estrategicamente dentro das unidades Spa das Sobrancelhas.

Tanto empenho trouxe notícias maravilhosas em 2016: uma das nossas unidades atingiu o faturamento recorde de 100 mil reais no mês; e a rede toda atendeu cerca de 2 milhões de clientes neste ano, que tiveram à disposição 26 serviços que compõem o embelezamento do olhar.

É ou não é a realização de um grande sonho?

Quantos empreendedores enxergam uma oportunidade, têm uma grande ideia, mas não se lembram (ou não sabem) de que precisam protegê-las? Aí vem alguém de má-fé e dá uma rasteira. Como fomos copiados duas vezes, sem o devido reconhecimento autoral e financeiro, paramos de ser ingênuos. Aprendemos. Primeira ação prática do planejamento: marcas e patentes.

Os direitos adquiridos por meio do registro de marcas e patentes são diferenciais competitivos. E ainda dão tranquilidade e segurança para o empreendedor se associar a outras empresas, gerando parcerias e novas soluções técnicas que ajudam a ampliar sua participação no mercado, conforme explica o Sebrae[9]. Esse registro, concedido pelo Instituto Nacional de Propriedade Industrial (Inpi), garante a exclusividade do seu produto ou serviço e do nome que escolheu, com as imagens associadas a ele.

Trazendo essa questão para os dias atuais, nossos concorrentes podem oferecer o serviço de micropigmentação. Contudo, a evolução dessa técnica, que chamamos de Dermolev, é nossa, com exclusividade. Ninguém mais pode ter.

Sonho de ganhar dinheiro

O que nós fomos construindo é um projeto de vida, nascido dos nossos talentos e da nossa missão. Também sonhamos em ganhar dinheiro. Mas não da mesma forma que um investidor. Digo isso por ver que as pessoas confundem muito empreender com investir. Quem pensa "Tenho um dinheiro guardado e vou ter um negócio" talvez esteja sonhando apenas em multiplicar esse montante, contando com que mais alguém trabalhe no seu lugar.

Se colocar o dinheiro em primeiro lugar, não é empreendedorismo. Se não botar energia naquilo que você quer fazer, se não sentir prazer no resultado que vai entregar, o dinheiro não virá com o sabor de satisfação que me alimenta tanto. Eu não

9. Disponível em: <www.sebrae.com.br/sites/PortalSebrae/ufs/se/sebraeaz/marcas-e-patentes-invencao,0b9be3ae7d316410VgnVCM1000003b74010aRCRD>. Acesso em: 22 dez. 2017.

sou investidora, e sim empreendedora. Quem só coloca dinheiro deveria responder que é investidor.

Lidamos com essa questão no dia a dia, no relacionamento com empresários de várias atividades e interessados pelo nosso negócio. Esclarecemos que, sim, uma franquia do Spa das Sobrancelhas é um negócio rentável. E temos uma porção de números e métricas para afirmar isso com propriedade. Mas não é a melhor escolha para quem apenas quer ser investidor. É para quem se assume empreendedor.

É aquela pessoa que entende que precisa acreditar em uma ideia ou projeto, topa colocar a mão na massa e se identifica com aquilo que vai fazer. Nós damos "ar" de qualidade (informação, treinamento, inovação...), mas quem vai "inspirar" o negócio no dia a dia e "expirar" o sonho na forma de atitude e empenho é a franqueada ou o franqueado. Quer pagar alguém para respirar no seu lugar? Impossível.

Empreendedor não quer uma atividade que dê só tranquilidade financeira, olhando o tempo todo para planilhas. Ele sabe que tem potencial para fazer a diferença na vida (prática!) de mais alguém. Escolhe um projeto que desenvolverá com pessoas e para pessoas. E é mais gostoso mesmo quando você lida com gente motivada a levantar o negócio do seu lado. Os clientes percebem essa energia e voltam, fidelizam, pedem mais, dando o retorno financeiro como consequência.

Com esse dinheiro, o empreendedor sente vontade de reinvestir, junto com seu tempo, sua energia, seu carinho, seu prazer em atender às necessidades das pessoas. No fundo, um empreendedor se alimenta de desafios para resolver. Basta ouvir que algo é impossível para buscar dentro de si toda sua capacidade de surpreender e provar o contrário.

Quando nossos franqueados fazem isso muito bem, também somos bem-sucedidos, pois os *cases* que temos impulsionam todos para frente, como uma corrente do bem. Em compensação, aqueles que colocam o dinheiro em primeiro lugar esquecem-se das outras atitudes que precisam ter e que são prioritárias.

Sabe quais são? Todas estão relacionadas às pessoas: à sua formação, ao seu treinamento constante, ao clima motivacional, às suas condições instrumentais de trabalho... Investindo nisso, a sua equipe conseguirá dar o melhor atendimento que as clientes já tiveram.

Não basta sonhar. É necessário agir.

Imagine a seguinte situação: um grupo de pessoas em idênticas condições físicas, mentais e de disponibilidade se matriculam numa academia pelo mesmo período, com os mesmos objetivos, "saúde e um corpinho bem modelado". Passado um tempo, é visível e surpreendente o resultado da minoria. Uma parcela um pouco maior alcança bons resultados, mas nada surpreendente. E a maioria desse grupo sequer apresenta resultado positivo, e algumas pessoas nem completam o ciclo. Já desistiram faz tempo daquilo que contrataram.

O que essa minoria com os melhores resultados fez em relação aos demais? Em primeiro lugar, foi à academia mais vezes, senão não teria alcançado alta performance. Também teve determinação, dedicação, comprometimento, perseverança, raça, força de vontade, desejo, paixão, meta, disciplina, entre outros diferenciais.

Lembrando que o grupo todo pagou a academia. Só que dinheiro banca o sonho, mas não substitui a ação. Com negócio é a mesma coisa. Se você só coloca o dinheiro, dá as costas e reaparece no fim do mês, ou de vez em quando, esporádica ou rapidamente, vai obter resultados proporcionais à sua dedicação — ainda mais se atuar no segmento de serviços, que abrange atendimento ao público.

É um grande engano escolher algo para fazer porque tem alguém que faz e está se dando bem ou porque está em alta. Isso seria como escolher uma academia porque só tem alunos esculpidos. A realidade é que, se você não suar a camisa, malhar todos os dias e cuidar da sua alimentação, ter afinidade... não alcançará o mesmo resultado daquelas pessoas bem-sucedidas. Nem por isso poderá dizer que a academia não é boa, ou que o negócio não é bom.

Para saber aonde quer chegar e qual caminho percorrer, é preciso conhecer o seu negócio a fundo, estudar, pesquisar, treinar, reciclar, aprender e reaprender continuamente — e não ouvir falar! Espera que as coisas aconteçam sozinhas, com base no sucesso dos outros, ou que alguém faça por você?

É necessário estabelecer uma boa equipe, acompanhar e assessorar com frequência, para que estejam afinados com os valores, missão e visão da empresa — e, é claro, afinados com os clientes. Tudo isso só pode ser possível se existir *para quem*. Tudo isso tem que ser sinergético. Tem que haver coerência, cumplicidade, segmentação, a mesma energia, o mesmo propósito. Mirando a qualidade, a satisfação e o bem-estar dos clientes, que são as pessoas que fazem um negócio ter sucesso.

O impossível não existe para quem é empreendedor.
Empreenda o seu sonho!

Fazendo analogia ainda com a academia de ginástica, você pode ter como objetivo emagrecer, levar uma vida mais saudável. E vê que a maioria das pessoas ao seu redor (e talvez sejam aquelas que mais o influenciam) vive em festas, noitadas, churrascos, rodízios e bebedeiras. Sabendo que somos a média de cinco pessoas com que mais convivemos, deve avaliar quanto esse pessoal está ajudando a empurrar seus resultados para baixo.

O sucesso é feito por gente que compartilha a mesma sintonia boa. Fica a dica, então, para se aproximar de quem procura viver de uma forma mais alinhada com o seu propósito de vida. Senão, continuará tendo resultados que não espera receber em troca pelo seu esforço.

Sonho de ser feliz

Todo ser humano deseja ser feliz em alguns ou em todos os aspectos da vida. Cada um tem o próprio desenho, a própria imagem do que é felicidade. O que eu percebo é que, às vezes, esse desenho tão particular e personalizado de cada um não é muito claro e objetivo. Falta nitidez e foco, além de definições dos detalhes que comporiam esse desenho.

Imagine você se a felicidade viesse por meio de uma encomenda, numa caixinha dourada, produzida por um artesão mágico que apenas reproduzisse uma cópia idêntica do seu desenho mental dessa emoção. O que você receberia hoje?

Antes de responder a essa pergunta, tente responder às outras a seguir.

Qual é o seu propósito?
Qual é a missão?
De que forma isso lhe traria a felicidade?
O que você está fazendo para isso?

Repasse isso para um papel e elabore sua resposta sendo específico, mensurável, alcançável e relevante. Note a quantidade de vezes que provavelmente terá de reescrever — ou o tempo que vai ficar pensando sobre cada questão. Em geral, respondemos instantaneamente quando alguém nos questiona, mas não com essa riqueza de detalhes. E isso será poderoso na sua vida, pois vai posicioná-lo, dar direcionamento.

Não tem o menor problema em mudar de ideia, lapidando sua resposta, reescrevendo-a. Isso significa que está se encontrando.

Repare que gastamos mais tempo e energia fazendo desenhos ricos em detalhes, com foco e alta resolução nos problemas, angústia, dor, medo, dificuldades, preocupações, desafios, falta de recursos e de oportunidades, perda, ódio... culpando alguém pelo insucesso ou fracasso.

Somos condicionados a isso o tempo todo pelos noticiários, jornais, *reality shows* e documentários. Como se não bastasse, ainda há aquelas pessoas do seu convívio profissional ou pessoal que procrastinam, são pessimistas, negativas, tudo isso junto. Elas sempre contam uma história de algo que não vai fazer diferença positiva na sua vida. E nem na delas, se quer saber.

Se você já ouviu falar nas leis da atração, do retorno ou da reciprocidade, e que o universo conspira a nosso favor, então sabe do que estou falando. Nosso pensamento faz os desenhos. Nosso sentimento os torna mais reais dentro de nós. E isso é lançado como se fosse um bumerangue ao mundo externo, voltando como experiência.

Fomos programados para fazer o que é mais fácil. Por isso é tão boa a sensação de segurança, conforto e comodidade! Nosso corpo é programado para armazenar energia; portanto, nos sentimos esgotados sob condições em que precisamos despender energia, trabalhar mais, malhar, fazer dieta, mudar de casa, de emprego, de profissão. Muito mais fácil é reclamar, culpar, julgar, procrastinar, cair na acomodação. Nosso sistema de defesa é programado para economizar energia. Para combater tudo isso, convido você a se olhar no espelho e responder a estas perguntas:

Você passa mais tempo reclamando ou agradecendo?
Buscando soluções ou falando dos problemas?
Culpando as pessoas ou se responsabilizando? Esperando ou realizando?

Quando a pessoa reflete, fica mais fácil se projetar e encontrar a *sua* resposta. Melhor ainda é que ela enxergue aonde gostaria de chegar.

Igual a ver imagens de Las Vegas na internet e pensar: "Como fazer para conhecer esse paraíso da diversão?". Planejar o dinheiro, o transporte, a companhia, os lugares que vai visitar... até casar. Como estímulo, saiba que me casei com Marko em Las Vegas, aproveitando a viagem que fizemos para um congresso de beleza. Exatamente como eu desenhei na minha mente.

No fundo, o que todos querem é mais felicidade. Mas como o significado dessa emoção difere para cada cabeça e coração, as perguntas ajudam a entender o que se deseja verdadeiramente. Alguns focam numa área só, sem perceber que o resto fica meio estraçalhado, meio remendado. No final das contas, sentem-se incompletos.

Não dá para batalhar por uma coisa, mesmo que seja o trabalho, esquecendo-se de todas as outras. Viver em harmonia é tão bom quanto ter oxigênio. Vale a pena procurar acalmar os conflitos internos e buscar enxergar mais caminhos para ser feliz, para se sentir bem com tudo — do amor à saúde, da família ao trabalho.

Quando me perguntam se eu sou feliz, respondo um "**sim**" bem grande. Há quem acredite que a felicidade seja feita de momentos. Eu prefiro ver a felicidade mais próxima e já! Reconhecendo que, paralelamente, encaramos alguns momentos não tão desejados, mas que fazem parte da evolução humana. São coadjuvantes na minha história, não personagens principais.

Se você estiver alegre e cheia de boas energias, vai trazer "ar puro" para que todas as coisas e pessoas ao seu redor "respirem" melhor, começando pela sua família. É mais ou menos como aquela orientação sobre as máscaras de oxigênio nos aviões: primeiro ponha em si para depois pôr em mais alguém. Se você não estiver bem, como vai pensar em cuidar dos outros?

Justamente por isso, **seja feliz, mas nunca se acomode**. A vontade de ter e querer mais faz com que você enxergue novas necessidades (pessoais e profissionais) e realize-se ainda mais por atendê-las. Eu tinha uma colaboradora que dizia:

— Jane, eu adoro quando você diz que não se trai.

Realmente, eu falo muito isso. Se aquilo que eu fizer for bom para mim, vai ser bom para meus filhos, meus colaboradores, meus clientes. Eu não vou fazer algo ruim para mim, com o pensamento de deixá-los felizes, e, lá na frente, cobrar que "Eu me privei por vocês". De jeito nenhum.

Fiz grandes descobertas na primeira loja que abri com a Nalda, como venho fazendo ao longo da minha vida, sobre quem eu sou, quais são os meus melhores talentos, para onde eu vou (e como), do que realmente gosto ou não... O raciocínio é assim: quanto mais eu me conheço, mais eu não me traio.

Penso que nascemos para ser felizes. Gosto muito de mim e quero me sentir bem com tudo o que faço. Então, não me obrigo a tomar atitudes apenas para agradar o outro, se isso também não me agradar. Crio meus filhos com amor, trabalho com amor, divido a vida com o meu amor.

Se você cuida de algo ou alguém apenas por obrigação, está traindo a si mesmo. Certamente, pensa que está fazendo bem a alguém. Ledo engano. É daí que surgem as cobranças que minam relacionamentos e afastam ainda mais a felicidade.

Se isso acontece com você, ame-se mais e não se acomode. Eu volto a perguntar: O que você tem hoje o impede de ser feliz e ir em busca do seu sonho? Saia do comodismo respondendo a essa questão pelo menos três vezes, com base no que já respondeu anteriormente neste capítulo. Sem se repetir ou até que se sinta numa maravilhosa trilha de descobertas, respirando e sorrindo.

VEJA ALÉM

Para que você respire seus sonhos, procure cercar-se de ar puro, revitalizante! Entenda por isso, por exemplo, afastar-se de pessoas negativas e pessimistas. Seja positiva, tenha atitudes positivas, crie imagens ricas em detalhes de como realmente deseja ser feliz – mas de maneira real, não abstrata. Busque conhecimento, orientação com quem entende do universo em que você deseja brilhar. Mas cuide sempre para que suas ideias não sejam copiadas indevidamente, ou você se sentirá como se tirassem seu ar. Também decida se quer só investir ou empreender. Encarar o dinheiro como consequência da realização dos seus sonhos vai trazer mais felicidade.

capítulo 8

Escolhas e consequências

O QUE ACONTECE NA SUA VIDA TEM CONEXÃO DIRETA COM A ENERGIA que vem dedicando ao seu dia a dia, gerando novas realidades! Em outras palavras, as experiências que você vive são consequências das escolhas que faz o tempo todo. Elas são fruto daquilo que projeta para si, conforme o que pensa e sente.

Você quer ganhar dinheiro ou só pensa em pagar suas dívidas? Você quer ter a solução de um problema ou só sentir pena de si mesmo? Qual o alcance da sua mente? As pessoas vão se acostumando a ter resultados menores, porque gastam todo seu estoque de energia com problema, ódio, ciúme, rancor, mágoa, medo, dúvida, doença.

Quer sair desse ciclo vicioso?

Para mudar o todo, comece mudando sua visão e seu sentimento em relação à vida.

É preciso urgentemente decidir consigo mesmo que vai arrancar os problemas da cabeça e colocar no lugar os desafios que quer superar. Você não fica rico pensando e sentindo as mesmas coisas. Você fica rico pensando e sentindo *como quem vê* um futuro rico. Era assim que eu via desde criança.

Verdade que sua mudança vai chamar atenção das pessoas do seu ciclo social. Seja porque fez uma dieta, seja porque começou a andar mais arrumada e trocou de carro, ou apenas porque agora pensa diferente da maioria. Elas podem estranhar ou aplaudir, criticar ou elogiar. Como você vai lidar com isso? Se colocar um muro invisível para se proteger das críticas e da inveja, ele também vai paralisá-lo. Por isso é tão importante saber o que quer, o que o deixa feliz. No final, será apontado como *case* de perseverança e sucesso.

Não há ninguém melhor do que você, melhor do que sua mente, para saber do que você é capaz.

Mas, e se a sua mente estiver com uma programação errada, truncada? Precisará ser reprogramada. Sem que nos demos conta, adotamos um conjunto de hábitos que funciona como uma espécie de programação escrita na mente. Então, mude sua visão para enxergar hábitos novos. Há recursos ricos e valiosos presentes em seu interior, que podem vir para a tela da sua vida.

A minha escalada como empreendedora tem muito a ver com o que diz o americano Napoleon Hill, pioneiro na literatura sobre realização pessoal e um dos melhores escritores sobre sucesso de todos os tempos: "Qualquer ideia que mantivermos na mente e a que dermos ênfase começará se a revelar e aparecer da melhor forma física disponível".

Eu já vi muita gente ter uma forte convicção de estar fazendo a coisa certa, mas começar errando na maneira que pensa. Com isso, sofre muito além do que deveria, frustra-se e perde suas forças. Pode até adquirir problemas de saúde, muito em função de como pensa, de como vive, de como abraça seu propósito.

Faça o bicho-papão sumir

Tem falta de dinheiro, está desempregado ou infeliz na profissão atual? Sofre discriminação, tem baixa autoestima ou complexo de inferioridade? Quem já não viu ou ainda vê esses fantasmas? É assim que você quer ver a vida, ou vai decidir olhar com outros olhos?

A minha realidade, enfrentada pelas dificuldades financeiras que a vida me apresentou, não é diferente da realidade de outras pessoas ou da sua. Entre nós não faltam histórias de incontáveis batalhas em que o oponente (muitas vezes invisível, mas presente) se apresenta forte e fazendo uso de armas letais para o ser humano. Leia-se: medo, inferioridade, insegurança, desesperança.

Entretanto, quem é esse oponente tão poderoso que sabe exatamente como nos atingir? Vamos chamá-lo de bicho-papão, personagem existente na nossa infância. Nos momentos em que nos sentíamos sozinhos ou no escuro, batia a sensação de ter algo ali amedrontador, um monstro. Nossos olhos arregalavam, o coração acelerava, o corpo tremia todo. Chamávamos o adulto mais próximo. Ele acendia a luz ou abria a porta, tentando mostrar que era só nossa imaginação, e que estava tudo bem.

Crescemos e juramos não acreditar mais em bicho-papão. Isso é coisa de criança, não é mesmo? Fato é que ainda somos assombrados por monstros variados, que nos paralisam. São momentos nos quais damos desculpas para tudo. Usamos bengalas. Só encontramos meios de "por que não fazer".

Esses monstros só existem na imaginação. Tem o da cobrança exagerada (que diz "Você não é capaz"), o da preguiça ("Hoje não, agora não"), o da insegurança ("Bate um medo de..."), o do fracasso ("E se eu perder?"). E por aí vai. Cada pessoa tem o seu e o "desenha" como quiser — pequeno, grande, invencível, feio ou horripilante.

Ocorre que esses monstros mentais nascem de situações reais, como a falta de recursos financeiros, uma perda, casos de *bullying*, rejeição materna ou paterna... Mas nós o alimentamos e o deixamos muito maior, invencível e horripilante, à medida que todo o pensamento fica voltado para o problema, e não para a solução — para a dor, e não para a cura.

Com a mente povoada deles, você acaba armando uma "bomba" capaz de mandar para o espaço seu sonho de felicidade. E pode implodir no corpo, facilitando doenças como a depressão.

Eu não deixava nenhum bicho-papão ficar maior do que eu. Um dos meus mantras diante de um desafio é: "Não deixe o monstro crescer". Em cada situação difícil em que tropeçava, desafiava a mim mesma pensando "Quero ver você sair disso".

Nós sempre temos a chance de escolher o que fazer com a nossa vida, a partir do que nos acontece. E é essa escolha que vai dar origem à semente que inevitavelmente será germinada em nossos pensamentos. Passado pouco ou muito tempo, desejando ou não, colheremos os resultados na forma de experiências.

Contrarie as previsões negativas

A cada dia e, às vezes, a cada minuto, tomamos novas decisões. Desde as mais simples, logo no início da manhã ("Levantar da cama ou dormir mais um pouco?", "Como ajeitar o cabelo?"), outras pensando em como se presentear ("Devo comprar um batom novo hoje?", "Como vou aproveitar o domingo?") e chegando às mais sérias ("Quero ter filho? Sim ou não, e quando?", "Qual negócio combina mais comigo?").

Mesmo assim, quem não nasce em berço de ouro, ou quem enfrenta outros tipos de dificuldade e precisa ralar para chegar lá, se não ficar atento, cai na vitimização de achar que não tem opção. Sempre tem. Eu fiz isso pela vida toda e posso garantir que, se você não assume as rédeas, está permitindo que os outros façam isso em seu lugar. Não deixe! É a sua vida, o seu sonho, e você tem direito ao melhor.

Claro que ninguém é dono da verdade, e deve ouvir sugestões e abrir-se às informações sobre o que acontece ao redor. Entretanto, é sua total responsabilidade escolher o que vai acatar, absorver. Mesmo que várias vozes tivessem me dito na infância que eu devia me contentar com a pobreza (e não me refiro só a de dinheiro, mas a de espírito e de sonhos), eu via outras possibilidades, e de um jeito muito fácil. Faço isso até hoje.

Por que me apegar às impossibilidades? Se não é esse caminho, então será outro. Se há algo lá na frente que você deseja, por que vai ficar parado olhando? Imagine se Thomas Edison, inventor da lâmpada elétrica, paralisasse em meio às impossibilidades? Todas serviram para buscar o que era possível — porque a lâmpada já era real na mente de Thomas Edison.

Eu vejo as coisas boas que desejo para minha vida de forma fácil, simples. Porém, clara e objetiva — entendendo que se trata de uma escolha. Para me fortalecer, procuro filtrar as previsões negativas da imprensa sobre a situação socioeconômica do país. Como não me deixar influenciar por elas?

Nosso país já enfrentou tantas crises! Empreendedores vêm crescendo a cada ano, com ou sem crise, e num país que tem uma das maiores cargas tributárias do mundo. Temos de ser muito positivos, não é? Quando parece que nada anda bem, em vez de dramatizar a realidade e cortar os pulsos, é muito mais vantajoso ver as possibilidades de contrariar as previsões negativas. Eis um excelente desafio!

Pare de terceirizar a culpa

Uma amiga da adolescência tinha o hábito de perguntar aos outros o que fazer sobre todos os problemas que ela vivia. Seguia cada conselho como se fosse Deus descendo do céu e ordenando: "Faça isso". O que mais acontecia era o conselho dar errado.

Essa menina se entristecia ainda mais e resmungava que havia se dado mal porque "alguém falou para fazer aquilo". Só que eu avaliava a situação de outro modo: "Ele teve boa intenção, mas ela fez porque quis". Quando é positivo, *eu* fiz; e, quando é negativo, foi *o outro* que fez?

Nada disso. Uso essa lição na minha vida, entendendo que temos de agir conscientemente, assumindo a consequência, em vez de buscar culpados para os resultados não positivos.

Há quem diga "meu faturamento começou a cair porque a economia do país está mal". Quantos profissionais usam isso como desculpa? Para quem vê crise como oportunidade, não há economia fraca que o segure. A economia piora quando todo mundo para de investir, de criar, de inovar, em especial quando as pessoas entram em crise e param de fazer girar a roda do dinheiro.

Quando dou entrevistas e provo que a nossa rede de franquias segue crescendo num ritmo sustentável, vejo nos olhos de alguns que eles pensam que estamos ficando malucos, delirando. Nós apenas não paramos. Continuamos trabalhando com afinco, competência, criatividade e atendendo às necessidades das pessoas.

Buscamos e temos resultados positivos, contra a corrente mesmo. E isso nos dá ainda mais vontade, garra, positividade para seguir em frente. As pessoas que trabalham conosco escolheram viver e propagar essa mesma energia. Não precisam ser vítimas de nada. Aconteceu um problema: O que vamos fazer para resolvê-lo?

Se considerar que a vida é feita das próprias escolhas, **você não pode culpar ninguém pelo tempo que desperdiçou escolhendo errado**, nem pelo conselho que recebeu e que, depois, não se mostrou o melhor. Só quem sabe o que é bom para você é *você mesmo*. As pessoas podem falar o que quiserem, e você somente fará se lhe convier.

Questione-se: Isso é bom para mim?
Vai me ajudar em quê?
O que eu ganho com isso? E o que eu perco?
Quais são as opções?

Deixe a infelicidade para trás

Como reagimos a condições que não podem ser alteradas depende, acima de tudo, de nós. Mesmo para quem sofreu algum tipo de violência física ou moral, ainda assim essa pessoa tem escolha. Ou vai viver infeliz o resto de seus dias? Que seja punido o causador e que a pessoa busque alguma forma de ser feliz dali para frente.

O problema é um dado. E o que você faz para encontrar uma grande resposta? Qual atitude vai tomar sobre essa situação? Em vez de botar uma venda nos olhos e se conformar ou se omitir, você pode mudar o seu sentimento para querer ver solução. Não viver o problema, mas sim ver o lado das possibilidades, da vida que sonhou ter.

Certa vez li sobre um psiquiatra, Viktor Frankl, que foi prisioneiro por mais de três anos em campos de concentração. Nesse tempo, ele fez uma grande reflexão sobre o sentido da vida. E decretou:

"Pode-se tirar tudo de um homem, exceto uma coisa: a última das liberdades humanas — escolher a própria atitude em qualquer circunstância, escolher o próprio caminho". Concordo com isso!

Afinal, uma pessoa supera seus problemas e adversidades na vida quando decide transformar suas tragédias em alguma realização, em alguma maneira de vencer o passado. Já quem se enreda no seu sofrimento ganha desesperança. O psiquiatra reconhece que ninguém está livre de viver coisas ruins, mas que devemos lutar por algo que valha a pena, que dê um sentido maior à nossa existência.

Já pensou que todos nós temos uma razão de ser? Quem ainda não descobriu a sua não deve perder mais um minuto.

Receba o que o outro dá e vá além

Por trabalhar com pessoas, embora eu cuide da beleza externa, também me preocupo com seu interior, proporcionando uma harmonia completa. Então, tem sempre aquele momentinho do diálogo, que é essencial para escolhermos, juntas, qual imagem cada uma vai externar ao seu universo depois que se levantar da nossa cadeira ou maca.

Os profissionais precisam ir além da entrega, da venda, preocupando-se com a cliente por inteiro. Para poder entender *como* vão entregar e, assim, evitar um resultado lindo, mas que não tem nada a ver com a verdadeira necessidade. Ou a consequência vai ser frustração.

Para exemplificar, eu me lembro de ter atendido uma cliente que tinha uma posição elevada na carreira militar. Ela queria cuidar das sobrancelhas para a cerimônia de promoção a um patamar quase inédito para uma mulher. Fiquei orgulhosa por ela, dei-lhe os parabéns. E recebi dela o feedback de que se sentiu muito bem com a nossa conversa, pois nunca havia pensado pelo ângulo que eu sugeri ver uma mágoa antiga.

Ela me contou que também tinha perdido a mãe cedo, além do pai, num acidente. Criada por uma tia, foi uma adolescente revoltada, que vivia dizendo "Você é minha tia, e não minha mãe", "Eu não tenho mais a minha mãe, estou órfã" e "Você não manda em nada, não tem poder sobre mim". Por acreditar que poderia estar muito melhor hoje, ressentia-se por sua tutora não ter demonstrado pulso firme para forçá-la a estudar. Na cabeça dela, crianças não têm de querer.

Ouvi sua história com muito carinho e atenção e, enquanto fui fazendo a massagem facial, convidei-a a pensarmos que não foi fácil para essa tia ganhar, de repente, uma filha e responsabilizar-se 100% por ela, tentando dar algo que se aproximasse do que a mãe dela faria. Além disso, ela também sentiu a dor da perda de sua irmã. Eu perguntei:

— Você já pensou que talvez ela tenha dado tudo o que podia, até onde conhecia, e que era o melhor dela para você?

Essa cliente pensou um pouco e, depois, me agradeceu com um forte abraço. Senti naquele momento que consegui transmitir conforto, um sentimento de paz. Visualizei que ela ia voltar para casa, agradecer à tia pela promoção que teve e por tudo o que dividiram, inclusive a dor.

O outro só dá o que pode, só dá o que tem.

Ganha mais quem aceita essa lei da humanidade e não limita sua vida ao que o outro deu. Saiba receber, aprenda, ainda que tenha sido com dor. Mesmo que tenha sofrido algum tipo de abuso na infância, físico, social ou moral, deve decidir se vai continuar a viver aquilo para sempre ou não.

Vai escolher carregar tristeza, angústia, sofrimento por toda a sua vida, que é única? E ficará dizendo a si mesmo que não conquistou nada, não conseguiu ser melhor do que é por causa dos traumas de infância? Aproveite de bom grado o que vier, agradeça e faça mais por você mesmo.

Lembre-se de que quis trabalhar ali

Esse é outro ponto em que reparo bastante. Ninguém é obrigado a trabalhar num lugar que não queira. É uma escolha. Então, por que falar mal por trás ou agir de má-fé quando sai?

Verdade que há injustiças como a de uma pessoa trabalhar a vida inteira e, quando para, como foi o caso do meu pai, não conseguir comprar nem os remédios com o dinheiro da aposentadoria. Mas também há aqueles que saem e querem tirar vantagens do ex-empregador.

Seu Júlio, dono da perfumaria onde fui vendedora e gerente, deve ter passado por poucas e boas com muitos funcionários, que o colocaram na Justiça. Eu soube que, por causa da crise no Brasil, o número de processos trabalhistas havia triplicado. Há muitos oportunistas tentando aumentar sua reserva financeira. E vão tirar de quem? De qualquer um que estiver na bola da vez. Com os empresários não é diferente.

Nosso jurídico é extremamente ativo para garantir os direitos e deveres dos dois lados. Eu nunca, nunca fiz reclamações na Justiça em nenhum dos lugares em que trabalhei. Mesmo tendo consciência de que estava lavando banheiro, embora tivesse sido contratada para ser vendedora, eu costumava dizer que "não ia cuspir no prato que me deram para comer".

Foi uma escolha que fiz. E quando não quis mais estar ali, saí e fui procurar outros ares. Deixei o espaço para outra pessoa que estivesse precisando tanto quanto eu. Torcendo para que ela absorvesse os ensinamentos que eu tive e também saísse um dia dali agradecendo.

O empresário e médico Roberto Shinyashiki tem uma frase que nos faz pensar: "Cada decisão que você toma o leva mais perto daquilo em que você se transforma". Pois bem, se alguém sai de um trabalho e depois resolve pedir ao juiz uma indenização do antigo empregador por inverdades, no que esse profissional está se transformando?

Corra riscos se quiser crescer

Na hora de escolher, cuidado também para não ficar com o fácil, o seguro, o conhecido. Para se conquistar algo importante é preciso correr riscos — tanto nos negócios, quanto na vida pessoal. Apenas eles devem ser calculados, e não como aquele que corri na Praia do Meio, quando era bem jovem. Com tantas informações acessíveis, é inteligente pesquisar.

Não é ter medo, e sim calcular as consequências de cada opção colocada na mesa. Se ficar na zona de conforto, no macio, não faz nada. Daí, não cresce, não se desenvolve. Pergunte a si mesmo ou para sua equipe: "Quais são os riscos? Se isso acontecer, até onde vai ser ruim? Se der certo, a quem pode beneficiar? Se der errado, até que ponto vai nos prejudicar?".

Se as chances de sucesso são maiores que as de erros ou fracasso, se não vai trazer grandes danos, então, vamos arriscar. Porque a gente tem que correr riscos para chegar a algum lugar, mas estando bem preparados para os prováveis efeitos de cada passo.

Foi arriscado trocar o salão de beleza que ia muito bem pelo negócio das sobrancelhas? Sim. Mas Marko e eu acreditamos na diferenciação, estudamos previamente a aceitação, desenvolvemos técnicas e agregamos valor ao serviço. Riscos calculados nos levaram a uma escolha que se revelou maravilhosa e trouxe consequências mais maravilhosas ainda.

É natural do ser humano olhar, avaliar e tirar conclusões, a fim de se prevenir, se proteger, se preparar, selecionar ou descartar o que não serve. Isso dá direção às nossas ações ("Como devo agir?"). Só que o tempo todo também perguntamos a nós mesmos: "Por que estou agindo assim?". E ainda há os outros olhando como se fizessem a mesma indagação: "Por que você está agindo assim?". Nessa hora, precisamos ter segurança daquilo que estamos fazendo, para não titubear.

Existe o risco de você tomar uma decisão que os outros não desejariam ou aprovariam. Faz parte. Se você conquistou respeito e credibilidade, é como se recebesse uma blindagem contra comentários maldosos. Tive uma colaboradora que se preocupava demais com conflitos causados por terceiros ("Alguém disse, acha, pensa"). Eu a orientei:

— Quem é esse alguém? É você quem tem que dizer, sentir e pensar. O seu problema é que esse alguém está fazendo isso no seu lugar. Como consequência, está vivendo a vida dessa pessoa, não a sua.

Esse tipo de tensão ocorre muito no ambiente das empresas. E eu procuro mostrar aos meus colaboradores que devem se apegar àquilo que eles querem de verdade e ao que eles são.

Escolha bem seu parceiro de jornada

Esse é um dos segredos das minhas vitórias como mulher e profissional. Colabora, e muito, para o seu sucesso profissional quando tem um parceiro que lhe dá forças, dá amor como base, que vibra com as suas conquistas. Ao contrário daquele que, por insegurança, fica minando sua autoconfiança, podando sua dedicação ao trabalho, impondo exigências absurdas, do tipo "Seu trabalho ou eu!".

Com todo orgulho do mundo, posso dizer que tenho um companheiro do jeitinho que eu escolhi. Um homem gentil e parceiro. Falo a ele que o escolhi, e que tínhamos de ficar juntos — na alegria e na riqueza que construiríamos. Ele me empodera como mulher e ainda cuida pessoalmente do meu cabelo. Adora quando me vê linda e feliz. Valoriza minhas qualidades profissionais, e eu as dele.

Decidi que queria esse homem para ser o pai dos meus filhos por ver a maneira carinhosa e gentil com que ele tratava as pessoas. E, mesmo separado da primeira esposa, era um pai presente e preocupado, que transmitia valores às crianças. Eu o observei muito para me decidir.

Quando eu o escolhi, pensei em tudo: "Esse homem já vem com uma história. Não posso chegar depois e querer complicar a vida dele porque, agora, eu sou seu atual amor. De jeito nenhum!". Estamos juntos desde 2003 e nos realizamos com a família que formamos. Dois filhos saíram da minha barriga e dois são do primeiro casamento dele, mas eu os considero meus filhos também.

Nosso lema é "Harmonia no trabalho, harmonia na vida". Tanto que a ex-esposa dele é uma grande amiga minha, é da família. Ela me ajuda muito e, às vezes, sem que eu precise pedir. Tem mais ciúme dos meus filhos do que eu tenho deles. É especialmente apaixonada pelo meu primogênito. Inclusive me auxiliou muito quando os dois nasceram, para que eu pudesse trabalhar. É uma pessoa pela qual sou muito grata e por quem tenho enorme carinho.

O desejo de ser mãe

Para uma mulher com ambições de sucesso, ter uma rede de apoio para ajudar nos cuidados com filhos é essencial. Mas, antes de tudo, ela precisa querer ser mãe — e não só por cobrança da sociedade. Eu queria muito, desde os 23 anos. Não tomava anticoncepcional, que me engordava e dava espinhas. Já tinha escolhido o pai dos meus filhos. Sou apaixonada por criança...

Por eu ter o útero invertido, tentei um tratamento, fiz simpatias. Botava as pernas para cima depois de fazer amor. Comia pirão de abóbora até cansar. Tomei um fitoterápico conhecido como Elixir de Agoniada, que age como regulador hormonal. Risco calculado, lembra? Se não fazia mal, eu tentava.

No auge dos meus 26 anos, quando eu já pensava que talvez devêssemos partir para a adoção, tive uma dor de estômago. Fui checar se era gastrite, por causa das fortes emoções daquele momento. É que, em paralelo ao atendimento das agendas lotadas no salão de beleza, eu estava prestes a mudar de negócio, me especializando em serviços de sobrancelhas (que viria a ser o embelezamento do olhar).

Para minha surpresa, ganhei um presente. Era um bebê, recebido com máximo amor. Felicidade e preocupação também.

Como já expliquei, esse foi um dos motivos de eu querer focar no negócio das sobrancelhas. Pensava: "Como cuidar desse bebezinho lindo, que está na minha barriga e que desejei tanto, trabalhando num ritmo doido de salão de beleza?". Era o meu momento de ser mãe, e, nessa hora, empreender facilita a conciliação da agenda profissional com a materna. Só não faz milagres!

Ao empreender, você continua trabalhando muito, mais até do que se estivesse num emprego. Sua cabeça e seu celular não desligam. Porém, dá maior domínio sobre seu tempo, tornando-o flexível. Ouvimos diariamente isso de nossas franqueadas. E uma pesquisa da Rede Mulher Empreendedora

(RME)[10], de 2016, com 1.376 mulheres, mostrou que 75% delas decidiram empreender após a maternidade.

Só alerto as mulheres que procurem um negócio com o qual se identifiquem, que realizem a si mesmas em primeiro lugar. E não apenas para ganhar dinheiro. Nunca concordei com o argumento "Quero dar aos meus filhos o que eu não tive". De jeito nenhum! Eu recebi tudo o que meus pais puderam me dar de melhor. E estou aqui.

Se não tomamos cuidado, vira um ciclo vicioso que nunca acaba. Você quer dar aos seus filhos o que não teve (e ninguém tem tudo, concorda?). Daí, eles crescem e vão dizer o mesmo sobre seus netos... Acredito mais em dar o meu melhor como mãe e permitir que eles busquem os complementos que desejarem quando forem adultos.

Outro dia, perguntei ao meu filho como ele me avaliava como mãe. Como viajo bastante a trabalho e morro de saudades, pensei que ouviria algo como "Gostaria que você tivesse mais tempo para mim". Pois ele desejava que eu dissesse mais vezes "sim" para suas vontades. Eu ri, dei-lhe um beijo gostoso e continuei segura de que meu papel de mãe também é colocar limites, dizer "não" com muito amor.

Escolha seu sonho e lute pelas consequências dele

Eu decidi empreender e desafiei a quem me chamou de maluca, porque Marko e eu víamos o que as outras pessoas não conseguiam

10. QUEM são elas? Saiba os resultados da pesquisa. Disponível em: <http://redemulherempreendedora.com.br/2016/09/24/quem-sao-elas-saiba-os-resultados>. Acesso em: 22 dez. 2017.

ver. As consequências mostraram a mim e a todos que tivemos uma visão acertada. E você, já tem sua decisão tomada e está lutando pelas consequências daquilo que sonhou?

Caso ainda esteja refletindo sobre suas escolhas e consequências, sugiro que faça um exercício, baseado no princípio de Pareto[11], que afirma que 20% dos esforços voltados a ações positivas podem gerar 80% dos resultados grandiosos.

Seguindo esse raciocínio, todos nós podemos conseguir mais produtividade, dinheiro, felicidade maximizando o seu tempo. E isso é música nos ouvidos de profissionais que também são casados e/ou têm filhos. O que esse princípio me diz é que posso ser feliz por 80% do meu tempo, e não por apenas 20%.

Para que você encontre essa trilha e chegue a essa proporção, experimente se perguntar, de preferência olhando-se no espelho:

- Quais pensamentos mais ocupam meu tempo? Em 80%, são positivos, proativos?
- O que preocupa, angustia, consome, entristece a minha mente?
- Pensar como venho pensando, agir como venho agindo, sentir o que venho sentindo tem me trazido resultados positivos e me feito sentir bem e feliz?
- O que, na prática, estou fazendo?
- O que dá certo?
- O que não está dando certo?
- Como me concentro mais no que está dando certo?

11. Foi sugerido pelo consultor de negócios Joseph Moses Juran com este nome, em homenagem ao economista italiano Vilfredo Pareto, que desenvolveu o princípio ao observar que 80% das terras italianas estavam nas mãos de apenas 20% da população. E há quem diga que ele também percebeu que 20% das vagens de seu jardim continham 80% das ervilhas.

Agora, procure mudar seu jeito de olhar, listando:

O que não funciona para você?
×
O que funcionaria para você?

Continue conversando consigo mesmo, ainda se olhando no espelho, sobre:

- Quem sou eu realmente?
- O que eu já tenho?
- Com o que estou satisfeito?
- O que me falta para ser feliz?
- O que, então, preciso melhorar?
- Qual resultado eu quero atingir?

VEJA ALÉM

Aproveite esta leitura para pensar nisso tudo, avaliando sua vida pessoal, social e profissional. Eu tenho muita convicção disso que vou repetir agora: a resposta para o sucesso, em todos os aspectos da sua vida, está no jeito com que você olha, pensa e sente a sua realidade. Ficar rico não é um acidente. É uma decisão de atitude (querer) combinada com ação (fazer). Ao final desse exercício, certamente seu processo de mudança de olhar estará bem encaminhado. Eu já vejo isso.

capítulo 9

O poder de sentir, pensar, falar

A PALAVRA É UM PODEROSO VEÍCULO PARA AFIRMAR NOSSA DECISÃO DE prosperar. Como eu tinha plena consciência daquilo que desejava para mim, de como queria me ver e para onde queria ir, falava e reafirmava tudo isso. Mesmo ouvindo que eu era muito sonhadora, continuava a expressar não o que me diziam, mas **o que eu via: um futuro infinitamente melhor**.

Eu fechava os olhos, visualizava como queria esse futuro e já me sentia muito mais próxima dele. Nesse exercício diário, eu realmente "viajava" em pensamentos para lugares e circunstâncias muito mais bonitos, confortáveis e felizes do que a minha pobre realidade. Eu me imaginava fora do lugar onde morava, vivendo como as pessoas que via na tevê. E dizia: "Eu chego lá!".

Eduque seu pensamento

O que você alcança é expressão daquilo que alimenta em pensamento e sentimento. Se estiver feliz com suas escolhas e lidando bem com as consequências, já tem meio caminho andado para continuar pensando, sentindo e verbalizando crenças mais encorajadoras.

Quando não há esse casamento entre trabalho e realização pessoal, cometemos atos falhos por meio daquilo que dizemos. Conforme alertei na introdução, cada palavra, uma vez pronunciada, já era. É impossível pegar de volta.

Se você falou para o universo, ele vai ouvir, pode apostar. Lembra-se da analogia do bumerangue? As palavras ganham formas e os pensamentos se materializam. As pessoas podem decidir, escolher o que vão deixar sair da boca em forma de palavras, e o universo pode modelar isso.

Por isso, sugiro evitar abrir seu dia pronunciando expressões como "Vou para a luta", "Mais um dia de batalha", "Pronta para matar mais um leão" e "Vou para o sacrifício de novo". Senão, só vai atrair lutas, batalhas, leões e sacrifícios. Se palavras ou frases inteiras como essas são frequentemente pronunciadas, imagine quantos pensamentos e imagens são formados na mente. Nesse caso, o que se pode esperar como retorno? Angústia, dúvidas, desânimo, cansaço, fadiga, estresse, entre outros sentimentos que você *não quer sentir* e nem transmitir a ninguém. Ainda mais se trabalhar com bem-estar e empoderamento pessoal, como eu.

A conversa que estamos tendo desde o início deste livro representa uma excelente oportunidade de mudar o jeito de olhar seu trabalho, seu amor, sua vida, as pessoas, sua energia. E, neste capítulo, quero chamar sua atenção em especial para como está utilizando seu poder interior e verbalizando. Hora de desenvolver a autoconsciência para prosperar.

Passamos mais tempo do nosso dia pensando do que falando — ainda que você seja um palestrante ou educador. A questão é: O que você normalmente fica pensando? Tem sido pensamentos positivos focados na solução, ou mais voltados para os problemas? Qual é o resultado que você tem obtido?

Espero que as respostas tenham sido positivíssimas. Caso contrário, lembre-se de que você tem uma escolha!

Justamente por isso, recomendo evitar contaminar-se com tantas notícias ruins. Não é que você deva virar um ser alienado ou mal-informado. Mas, para o seu bem, procure se blindar das palavras negativas, pois elas se transformam em sentimentos negativos.

De manhã, eu gosto de ouvir um mantra, ou de ficar em silêncio, programando a mente para o que me interessa; agradeço, agradeço e agradeço. Tenho consciência dos perigos externos, só não me alimento deles. É impressionante o poder que tem essa rotina na minha vida. Quando eu deixo de fazer isso, o Marko já sabe e me pergunta:

— Você não tem feito suas mentalizações, né?!

Sim. Eu também tenho que me vigiar.

Este é um bom momento para compartilhar com você uma fábula de que gosto bastante. Não sei quem a escreveu, mas é uma maneira muito interessante de abordar, em palestras, a dualidade do ser humano entre o bem e o mal, e as escolhas que partem daí.

Fábula dos dois lobos, narrada pelos índios cherokee

Certo dia, um jovem índio cherokee chegou perto de seu avô para pedir um conselho. Momentos antes, um de seus amigos havia cometido uma injustiça contra o jovem e, tomado pela raiva, o índio resolveu buscar os sábios conselhos daquele ancião.

O velho índio olhou fundo nos olhos de seu neto e disse:

— Eu também, meu neto, às vezes, sinto grande ódio daqueles que cometem injustiças sem sentir qualquer arrependimento pelo que fizeram. Mas o ódio corrói quem o sente, e nunca fere o inimigo. É como tomar veneno desejando que o inimigo morra.

O jovem continuou olhando, surpreso, e o avô continuou:

— Várias vezes, lutei contra esses sentimentos. É como se existissem dois lobos dentro de mim. Um deles é bom e não faz mal. Ele vive em harmonia com todos ao seu redor e não se ofende. Ele só luta quando é preciso fazê-lo, e de maneira reta. Mas o outro lobo... esse é cheio de raiva. A coisa mais insignificante é capaz de provocar nele um terrível acesso de fúria. Ele briga com todos, o tempo todo, sem nenhum motivo. Sua raiva e ódio são muito grandes, e, por isso, ele não mede as consequências de seus atos. É uma raiva inútil, pois ela não irá mudar nada. Às vezes, é difícil conviver com estes dois lobos dentro de mim, pois ambos tentam dominar meu espírito.

O garoto olhou intensamente nos olhos de seu avô e perguntou:

— E qual deles vence?

Ao que o avô sorriu e respondeu, baixinho:

— Aquele que eu alimento.

Educar o pensamento é algo cada vez mais necessário para qualquer pessoa vencer os desafios de hoje.

Sendo assim, se surgir em sua mente um pensamento de leãozinho ou de batalha, substitua-o logo por outro positivo. Faça uma autocorreção quantas vezes precisar, até que perceba que mudou a forma como estava abrindo o seu dia.

Para ter uma linguagem positiva, evite usar frases com "não". Seja assertivo. Se você se programar todos os dias, durante algumas semanas, vai começar a notar novas ideias sobre como prosperar. Segundo estudiosos, são sinais de que seu subconsciente está trabalhando em prol do seu objetivo.

Ao criar um novo padrão de pensamento positivo, vai se sentir melhor todas as manhãs, por cumprir suas tarefas sem aquele peso da luta e do sacrifício que desnecessariamente estava carregando consigo. Você vai se surpreender com o prazer que sentirá de trabalhar e viver. Mudando seu sentimento, muda seu resultado. Simples assim.

Também começará a dizer coisas capazes de gerar alegrias e boas energias em si mesmo e em quem estiver ao seu redor. Engana-se quem pensa que a sua vida depende de sorte. De acordo com Dalai Lama, famoso monge budista: "Às vezes, não conseguir aquilo que se quer é uma tremenda sorte".

Seus resultados e suas experiências são a materialização do que você pensa. Use isso positivamente!

Afirme sua prosperidade consciente

Certa vez, pedi para passar as férias na casa de uma tia mais abastada, da família do meu pai. Sem graça de recusar o pedido de uma criança de 10 anos, ela concordou. Ali, eu experimentei conviver com um pouco de luxo, aprendi regras de etiqueta básica a que antes não tinha acesso, como dizer "por favor" para tudo o que eu quisesse e usar talheres corretamente. E tive um jogo de toalhas de banho só para mim.

Ou seja, eu vi que era possível morar melhor. A prosperidade que eu intuía se materializou durante aqueles dias de êxtase na casa dessa tia. Imagine como estava a minha cabeça quando voltei para o nosso barraco de tijolos cheios de rachaduras, que me faziam rezar para não chover! Todo mundo tem o direito de querer viver melhor.

Empoderada desse direito, eu retrucava com o meu pai:

— O que é isso? Por que as pessoas estão lá embaixo e a gente aqui em cima? Pai, vamos mudar daqui? Eu trabalho, eu vou crescendo, o senhor ganha mais um pouco com a sua aposentadoria;

a gente consegue alugar uma casinha numa rua asfaltada, longe do morro. Já pensou?

Meu poder de persuasão era bom. Mas não o bastante para convencer um homem que prezava tanto pela segurança a arriscar sair dali. Ele não se via na proposta que eu fazia. Se fosse nos dias atuais, depois que estudei muito sobre poder mental e prosperidade consciente, eu teria mais palavras para usar com ele, mostrando que **o mundo é do tamanho que vemos — não com os olhos físicos, e sim com o olhar das possibilidades**.

Tudo o que eu queria para mim parecia real, possível, e não delírio juvenil, como meu pai pensava. Eu estava pensando, sentindo, falando de olhos bem abertos. Recomendo o exercício de fechar os olhos físicos e enxergar com a alma. Sempre fiz isso de forma intuitiva.

Agora que estou consciente, continuo fazendo de maneira mais fervorosa. E simplesmente acontece — exatamente como eu peço, visualizo, programo. Tanto que, vira e mexe, ouço do Marko:

— Jane, pede; porque, quando você pede, funciona.

Ele brinca comigo, mas a verdade é só esta: **tem que estar certo do que vai pedir; não pode fazê-lo com dúvidas**. Quando você pensa e fala o que deseja, emana para o universo. Quantos outros autores de livros já afirmaram que o universo conspira a nosso favor? Sou fruto disso, sou essência disso.

Pouco depois de conhecer o Marko, quando eu ainda gerenciava a perfumaria, houve uma vez em que fui para trás de um biombo e falei a mim mesma: “Me liga, me liga, me liga, eu quero falar com você”. Pois ele me ligou com o mote: “Oi, você me chamou?”. Foi uma delícia ouvir isso — e assustador, eu confesso.

Eu não desisto daquilo em que acredito. Tanto que procuro não ter crenças limitantes do tipo “não era para ser”. Já pensou se eu não tivesse reaberto o salão depois que quebramos? Não teríamos descoberto o maravilhoso nicho do cuidado com as sobrancelhas.

Com o Spa das Sobrancelhas conseguimos vitórias que não tínhamos com o salão, apesar do bom faturamento. Por exemplo, a casa própria. Indo para a academia, num dia em que não abrimos o Spa, pensei: "Está na hora de sairmos do aluguel". Visualizei a chave da minha casa, com muitos detalhes e nitidez, como a sala com um sofá grande, para caber a família, que estava crescendo...

Da janela do ônibus, vi umas pessoas na rua vestindo vermelho. Observei mais de perto, era feriado de são Jorge. Em silêncio, decretei que, se são Jorge me ajudasse, eu seria devota desse santo, conhecido como senhor do fogo. Todos os anos, solto uma alvorada de fogos para são Jorge, quando agradeço pelo sonho realizado e aproveito para sedimentar outros pedidos.

Outro exemplo? Consegui engravidar, mesmo tendo o útero invertido. Fiquei quase quatro anos tentando e determinando que seria mãe de um casal. E sou. Verdade que eu imaginava dar à luz, primeiro, uma menina. Veio o menino. Mas, em quatro meses, com meu bebê no colo, já estava grávida novamente.

É, apressada, eu sei. Sabe o que eu penso sobre isso? Pedi tanto, fiz tantas simpatias por causa da dificuldade de engravidar, que, quando chegaram os pedidos, foram um atrás do outro. Fiquei preocupada com isso, porque não daria tempo de corrigir o pedido. Então, decidi ligar as trompas.

Mãe preocupada, eu também pedia: "Meu Deus, que venha uma criança que não dê trabalho para comer". Pois tenho um filho bom de garfo! Ele precisa maneirar, para controlar o peso. Eu digo, brincando, que a culpa é minha, e que agora peço que coma bem, mas de maneira saudável. Vamos todos adotar o cardápio dele, menos calórico. Família unida...

É muito importante tomar cuidado com a forma como se desenham os sonhos. Quem vive repetindo que quer ser rico, mas não pensa em *como*, pode ter problemas. Interpretação é algo subjetivo. Talvez seja rico e triste, porque se esqueceu de pensar nos outros lados importantes. Por isso, enquanto estiver pedindo algo, tente fazer sempre um desenho muito bem estruturado do seu desejo.

Converso comigo mesma e digo que quero ser feliz. Mas *como* eu quero? Visualizo minha família sorrindo muito alegremente, uns para os outros e para a vida. Todos saudáveis, unidos, fortes. Produzo um filme rico em detalhes. O mesmo faço na minha vida profissional: envolvo todas as pessoas que fazem parte dela, inclusive os clientes.

Ou seja, imagino o cenário da felicidade que almejo. Para cada um, "ser feliz" tem um significado. Qual é o seu? Faça o seu filme e entre em ação.

Agora, mentalize que, em vez de água, vão cair moedas de ouro do céu. Que, no lugar de pegar uma condução para ir de um ponto ao outro, você vai criar asas e voar. Sinto muito em dizer que, se por algum momento foi essa ideia que passou em sua mente, você vai continuar esperando. Não basta sonhar, meditar, acreditar, ter fé. Tem que ter ação.

Você sabe o que quer? **Então responda: o que você pode fazer ou está fazendo para tornar isso** *possível*? **E o quanto está** *comprometido*? *Quando* **quer que isso ocorra? Se tivesse outra forma de** *fazer*, **qual seria? Se você pudesse fazer** *algo mais*, **o que faria? O que o impede de fazê-lo?**

Isso tudo entra nesse conceito da prosperidade consciente, que significa ter autoconsciência de qual prosperidade se quer.

Meu pai entendia isso como mania de grandeza. Tanto que falava:

— Você não vai mais para a casa dessa tia. Volta de lá transformada, com mania de grandeza.

Como você vem acompanhando ao longo de cada capítulo, todos têm um jeito de olhar, esse era o dele.

Só que, para mim, essa transformação era bárbara. Eu estava amando poder ampliar minha visão. E não me contaminava com o que eu poderia traduzir como crítica do meu pai, embora o amasse. Porque eu sabia que era uma limitação, que ele queria me proteger. Eu absorvia somente o que era positivo, o que contribuísse para minha evolução.

Muito provavelmente, se eu interpretasse negativamente a fala dele, de que eu tinha mania de grandeza, não seria quem sou hoje. As palavras podem ser interpretadas de diversas formas, limitando ou encorajando. É uma questão de escolha. É disso que este livro fala. É o seu olhar que muda tudo, conectado ao que aceita escutar, acredita, pensa, sente.

E se der errado? Supere os tombos com a sua verdade

Um veneno em doses diferentes também é remédio. Não existe nada que passamos na vida de que não possamos extrair o melhor. Algumas pessoas gastam sua energia pensando no que envenena, mas podem ver as coisas com outro olhar; é uma decisão.

Digo aos meus alunos que precisamos usufruir da dádiva da evolução. Se houver um dia sem nenhum aprendizado, ele está sendo desperdiçado.

E tenha ousadia de afirmar qual é a sua verdade, mesmo que contrarie o pensamento da maioria. A ousadia é ingrediente de qualquer história vencedora. Lembra que ouvimos de muita gente que seria loucura trocar o salão de beleza pelo Spa das Sobrancelhas?

E não tenha medo de recomeçar, se tudo der errado. Faça uma avaliação de rota perguntando "Deu errado por quê?" e se abra a novas ideias. Não seja como aquelas pessoas que todos nós conhecemos, que só querem ouvir aquilo que elas sempre pensaram. Pensamentos, quando não são de prosperidade, mofam, sabia?

Leve para o subconsciente

Um ponto fundamental é trabalhar conscientemente seu objetivo até que fique gravado no subconsciente. Você pode adquirir o hábito de treinar sua mente consciente para sempre enviar aquilo que deseja ao subconsciente. E ele irá, mais cedo ou mais tarde, de uma forma ou de outra, assegurar o seu sucesso.

Para reforçar esse processo, explore também o poder da palavra, afirmando o que quer. Sempre usei isso de forma empírica desde muito nova, devido às dificuldades por que passei. Você quer avançar, conquistar sonhos, transformar realidades, mas, se vibra somente no plano da consciência, força-se àquilo.

Não aceite simplesmente o que acredita que não mereça. Você pode estar pensando: é fácil falar, porque você sempre agiu assim. Só aprimorou. O.k., eu sei que ninguém muda de uma hora para outra. Mas se permita, pelo menos!

Para tudo existe um processo, realmente as coisas não funcionam num estalar de dedos. É como aprender a dirigir. No início, você usa a consciência e acha complicado acelerar, alternar pedais e trocar marcha, enquanto olha para frente, para o painel e os retrovisores, para os carros emparelhados.

Ficamos estressados, apreensivos, exaustos. Eu sentia fortes dores de cabeça, só para você ter ideia. Isso acontece porque não estamos vivendo algo rotineiro, e sim em processo de aprendizagem ao volante. Então, o corpo e a mente consomem uma enorme quantidade de energia, quando na verdade somos programados para economizá-la usando a consciência.

À medida que vamos treinando, ganhando confiança, o processo de repetição e aprimoramento leva essa atividade para o subconsciente. E passamos a dirigir mais naturalmente. Sem aquela preocupação, sem estar pensando em cada detalhe. Automatizou, tornou um hábito. Tanto que dirigimos conversando, até cantando. Minhas dores de cabeça passaram.

Para quem joga videogame, é como estar em uma fase avançada e difícil de passar, sempre voltando e voltando — o que desafia os jogadores e também os estressa um bocado. Quando eles conseguem finalmente passar, se voltam ao início daquela fase, não têm a mesma dificuldade, automatizando suas ações sem gastar tanta energia. Entretanto, isso só ocorre porque se submeteram ao processo de repetição.

De acordo com o psicólogo inglês Jeremy Dean, um hábito existe para economizar energia. Ele fala sobre alguns estudos que dão embasamento científico a respeito de como o cérebro funciona quando precisa automatizar escolhas, criando hábitos. Também sobre quão difícil é se livrar de hábitos antigos e substituí-los pelos novos, o que envolve o processo de repetição, sendo que em vinte dias alguns foram automatizados.

Portanto, para criar novos bons hábitos, comece fortalecendo sua mente. Mentalize "Eu sou capaz, eu vou fazer; eu vou sair desse ambiente para outro muito melhor" no plano consciente, até levar para o subconsciente.

A partir daí, sentirá um poder interior inabalável. Nada que alguém disser vai derrubar seus sonhos. Você não sente, não leva para o emocional, não vai lá brigar, não vai falar coisas das quais se arrependerá depois.

Comprometa-se a mudar hábitos

Quero incentivar mais pessoas a pensarem que podem acionar seu botão mental para prosperar ao seu modo. Existe uma nomenclatura para isso: mudança de hábito. Eis um desafio que não dá para delegar.

Digamos que você queira fazer dieta. Como trocar os sanduíches pela saladinha? Estudar, acordar cedo, malhar... Para começar a mudança, sugiro que anote numa folha de papel em branco o seu objetivo, o que você deseja ser, ter ou melhorar neste momento. Para ser realista anote apenas uma coisa, não queira mudar tudo de uma vez.

Certo do que precisa, agora feche os olhos e imagine o seu objetivo anotado na folha até que você sinta tudo que terá de benefício se atingi-lo: saúde, *status*, reconhecimento, amor, liberdade, paz, riqueza, viagem, bem-estar, autoestima, motivação, prazer. Sentiu? Então anote. Faça uma coluna com benefícios e anote tudo que sentiu que vai deixá-lo feliz.

Depois, avalie as coisas que você terá de fazer para conseguir tudo isso. Por exemplo, mudar alguns hábitos. O que o impede? Anote.

Agora que encontrou o seu objetivo, todos os benefícios que você terá ao alcançá-lo e o que você precisará fazer para conseguir realizá-lo, o poder da mudança está em suas mãos. O que vai fazer com isso? Você escolhe.

Quando digo "escolhe", eu digo que é uma coisa ou outra. As duas, é impossível. Quando escolhemos algo, temos de abrir mão de outra coisa. Mas, se na sua avaliação de perdas e ganhos você ganhará mais que perderá, então não tem nem o que se discutir. O importante é ter saldo positivo.

Como expliquei, vai ter de usar a consciência, esforçar-se para encontrar prazer naquilo de alguma forma. Até levar para o subconsciente e agir naturalmente. O mesmo é com dinheiro: se a sua mente consciente costuma pensar que é impossível ganhá-lo e que você não tem direito à riqueza, seu subconsciente vai reagir de acordo e vai atrair dificuldades de prosperar. A mudança de hábito ocorre na mente.

No entanto, se a sua mente consciente está habituada a pensamentos positivos, vai levá-los para o subconsciente, e ele atrairá dinheiro e sucesso para o seu lado. De alguma forma o *como* será revelado.

Lembre-se:

O subconsciente reage à energia do pensamento que recebe da sua consciência, podendo atrair condições e influências positivas ou negativas.

Para adquirir bons hábitos de conduta nos negócios, gosto muito de refletir sobre quatro pontos:

1. O que eu faço.

2. Como faço.

3. Os resultados que estou tendo.

4. E como melhorar.

Daí, penso e até falo a mim mesma: “Terei de fazer isso”. Por ser algo que ainda não faz parte da minha rotina, já é uma mudança de hábito.

Eu vigio os pensamentos para não resistir a mudar, me agarrando na crença limitante de que “Eu sou assim, sempre fui assim”. Eu mudo quantas vezes for necessário para trazer melhores resultados — para mim e para as pessoas que eu amo. Não existe um processo de evolução onde não há mudança.

Nessa mudança, acho importante evitar a sensação de estar perdendo algo. Quando isso acontece, inconscientemente você e seu cérebro buscarão mais daquilo para repor. Inconscientemente fica um buraco. Não gostamos de perder. Tanto que nos sentimos desconfortáveis com a perda de uma simples partida de cartas que seja. O ideal é focar no que está ganhando, entendendo ser uma troca positiva de hábitos. Isso vai elevar a sua força interior.

A propósito, aonde você quer chegar?

Mesmo que ainda não tenha conseguido definir exatamente o que gostaria de fazer da vida, procure tratar sua dedicação atual como um projeto, não um trabalho. Eu mudei de emprego várias vezes no início da vida adulta, até definir o que fazer.

Sabendo aonde queria chegar, usei meu poder mental e enchi o peito de energia para fazer a minha trajetória. Estava descobrindo meu propósito de sentir a essência das pessoas, valorizando o olhar e ressaltando a beleza de cada uma.

Um bom projeto é trabalhar dentro de si o tripé talento, objetivo e propósito.

Nós vivemos dos talentos que desenvolvemos para alcançar os nossos objetivos, motivados por um propósito.

Talento está relacionado àquilo que você faz com maior facilidade, eficiência e prazer em comparação às outras pessoas. Se não souber fazer essa autoanálise, observe o que as pessoas falam a seu respeito. Perceba o quanto ficam impressionadas com a sua habilidade com alguma coisa que, para você, é tão fácil, que não reconhece como talento. Preste atenção às coisas que mais o atraem, que têm a sua atenção, que aguçam a sua curiosidade — elas podem deixar pistas sobre a sua grande aptidão.

Seu objetivo deve estar relacionado ao que você *quer* ser, fazer, criar, melhorar, conquistar. Já o propósito refere-se ao motivo pelo qual você busca o seu objetivo. Um motivo que beneficie os outros, para que tenha valor.

Vamos supor que:

- Você tenha **talento** para ensinar, fale de forma didática, goste de compartilhar conhecimento.
- Seu **objetivo** pode ser formar-se em Pedagogia e tornar-se uma diretora de escola ou empreender em cursos EAD (ensino a distância).
- O **propósito** que move seu objetivo é desenvolver as pessoas e promover a educação no país.

Viu como as coisas clareiam quando você enxerga cada parte do seu tripé do sucesso? Agora é a sua vez:

- Quais são os seus **talentos**?
- Vai desenvolver esses talentos com qual **objetivo**?
- E com que **propósito**?

Sabemos que algumas pessoas até reconhecem seus talentos, mas, por forças alheias (pressão familiar, social ou econômica), preferem seguir outro caminho. Escape dessa armadilha da vida. **Você deve fazer o que se vê fazendo, não o que os outros visualizam**. Pode pedir e ouvir orientações de pessoas mais experientes, em especial aquelas que nos amam. Mas a escolha é sua.

Consegue se enxergar fazendo determinada coisa?
Ela tem sentido para você?
Fica feliz só de se imaginar nela?

Três "sim" e está no caminho certo. Disse "talvez"? Volte duas casas e reflita. Ouviu um "não" saindo da sua boca? Mude, porque talvez esteja fazendo aquilo que os outros querem, menos você.

Muitas vezes, não nascemos com nossos talentos claros e evidentes. Há pessoas que podem ser chamadas de predestinadas, porque desde crianças dominam cálculos complexos ou tocam piano melhor que os adultos.

Conheço um rapaz que conseguiu ser piloto de avião muito antes dos 30 anos. Quando ainda era criança, antes que os hormônios explodissem em seu corpo, ele já era fascinado pelos brinquedos e simulações ligados aos céus e à aviação. O curioso é que não havia ninguém na família dele que pilotasse e pudesse tê-lo influenciado. Era um predestinado.

Por toda a minha história eu acredito que nasci predestinada a empreender. Marko também. Além disso, eu tinha talentos para trabalhar com beleza, que fui desenvolvendo, mais e mais, com conhecimentos. Na minha primeira pigmentação, por exemplo, a professora elogiou o resultado, sem sangramento, com desenho perfeito. Já Marko nunca havia se imaginado nesse universo, mas desenvolveu talentos e tornou-se um exímio profissional da beleza.

Por isso, não se preocupe se você não se enxergar como um predestinado. Pode desenvolver talentos arriscando-se em experiências, trabalhando, estudando, realizando cursos técnicos. Pesquisar o que existe de mais atual e importante sobre o seu objeto de interesse, além de conhecer a rotina de pessoas talentosas, também são iniciativas valiosas.

A partir de agora, preste máxima atenção quando estiver fazendo algo de que goste, para descobrir e desenvolver talentos. Uma pessoa pode ter vários, mas com certeza se sobressai em algum que poderá mudar sua vida para sempre.

Siga seu talento, escolha um objetivo e trace seu propósito, encontrando um meio de vida que automatize, traga satisfação, emocione. E vai ser bem-sucedido. É um erro ficar dizendo que vai fazer aquilo "que dá mais dinheiro". Tudo pode ser próspero se você acreditar, ao ponto de ver mentalmente essa prosperidade todos os dias.

Quando estiver nesse ponto, significa que está apaixonado pelo que faz, pelo que oferece às pessoas, pela sua vida. Walt Disney, Oprah Winfrey... podemos fazer uma enorme lista de personalidades que tiveram uma grande visão e não apenas mudaram a própria vida, como a de várias gerações!

Se houve superação, então houve dificuldades, caminhos árduos e muita insatisfação — que esses mitos transformaram em vitórias, caminhos iluminados e uma enorme satisfação. Isso é poder!

VEJA ALÉM

Seus pensamentos e suas palavras têm o poder de definir a vida que você terá. Então, comprometa-se em afirmar sua prosperidade. Aproprie-se de seus talentos, de seu objetivo e propósito. Acredite neles e pronuncie seu futuro com convicção.

capítulo 10

Uma âncora para seus sonhos

Para tudo o que você faz, precisa ter uma âncora. Essa é uma das maneiras mais eficientes que eu conheço de educar a mente para prosperar. Cada âncora que você escolhe funciona como um botão de "start" para que adote novas rotinas, um novo estilo de pensar, sentir, agir. Refiro-me a um termo utilizado em Programação Neurolinguística (PNL) que tem a ver com gatilho emocional.

Quando somos envolvidos em situações que tocam nossas emoções por meio de experiências (vivenciadas por nós ou por outras pessoas), fica ancorado um registro que servirá de gatilho para restaurar a lembrança do que aconteceu. E isso pode ser bom ou ruim.

É ruim quando o que "starta" a lembrança traz consigo sentimentos de irritação, aborrecimento, medo, angústia, traição e injustiça. Além de causar um mal-estar momentâneo, podem aflorar reações, atitudes e comportamentos que geralmente resultam em brigas e discórdias.

Quando você busca a consciência do que viveu ou está acontecendo, normalmente se pergunta: Por que estou me sentindo ou agindo assim? O que isso me traz de bom?

Às vezes, a âncora é tão "pesada" que desperta níveis altos de emoções negativas, o que não permite nenhum tipo de reflexão. Mas as pessoas que se importam com você pensam ou até falam: "Por que ela age assim? Que bem isso faz?".

É bom quando o que "starta" a lembrança traz consigo sentimentos e sensações agradáveis, felizes e prazerosos. Sendo assim, algo que ouvimos, vemos, sentimos ou em que tocamos é como uma âncora que nos remete a saudades e excelentes recordações. Graças a Deus, temos isso o tempo inteiro, com relação a músicas, filmes, imagens, paisagens, retratos, cheiros de perfume, comidas, clima, datas...

A forma como você interpreta uma experiência e conclui, julga ou avalia é única, particular. Em outras palavras, a mesma experiência, só que vivida por duas pessoas diferentes, pode resultar em emoção positiva ou negativa para o seu futuro, ficando registrada no subconsciente. Exemplo clássico: uma família na qual vemos irmãos bem-sucedidos e mal-sucedidos.

É possível gerar emoções positivas e fortalecedoras de maneira consciente, por meio de um gatilho criado por você mesmo. É viável se apegar a coisas que funcionam positivamente.

Cuidar do embelezamento do olhar é uma excelente âncora para elevar a autoestima e a autoconfiança. Está na hora, então, de olhar-se no espelho com mais amor-próprio, encarar as pessoas e empoderar-se para realizar algo que deseja tanto, mas, por certa insegurança, temia até então.

Trata-se de lançar mão de estímulos sensoriais positivos que, depois de internalizados, nos levam a atitudes e estados emocionais mais elevados. Ou seja, podemos enxergar, ouvir, falar, fazer algo e associar a um objetivo (ou mais) que nos interessa.

Em outras palavras, em vez de ficarmos apenas reagindo ao

ambiente e deixando nosso emocional oscilar ao sabor do acaso, podemos direcioná-lo. Nos últimos anos, em que venho estudando vários autores e teorias sobre o cérebro, confirmei que já usava essa ancoragem instintivamente, só não tinha ideia de que existia como método.

Sempre quis me apoiar em âncoras positivas — como quando eu respondia que ia ser rica!

Para encontrar uma bela âncora, que tal refletir sobre o que é sucesso para você? Uma das formas de transformar um estímulo sensorial em âncora é pela repetição. Como teste, escolha uma música bem alegre para ouvir quando comemorar suas vitórias. E volte a ouvi-la quando precisar redobrar o entusiasmo para conquistar outras. Que tal?

Um exercício matinal que eu faço é uma prece, enquanto visualizo a minha família sorrindo, dentro de uma cúpula transparente de proteção de tudo e todos que possam lhe fazer algum mal. De acordo com o físico Albert Einstein, "a imaginação circunda o mundo". Então, não custa nada eu usar essa âncora antes de sair de casa. Vou trabalhar em paz, confiante de que todos ficarão bem. Você também pode ter o seu amuleto da sorte, um objeto, um anel, um pingente, uma pedra, algo de que possa se lembrar sempre.

Não tenho uma religião específica e nem sou contra quem tem. Ela pode ser uma âncora, que vai dar forças para a pessoa conseguir chegar aonde quer. O importante é avançar em seu projeto de vida sem pisar em ninguém.

Eu acredito em energia. Acredito também que, se você estiver bem, a sua vida vai bem, pois faz com que as coisas fluam. E se surgir algum percalço no caminho, saberá lidar com mais sabedoria, sem sentir grandes dores ou perdas. Terá disposição para subir na pedra, ultrapassar e seguir, agradecida.

Sempre há o que agradecer

Nunca deixe de reconhecer as oportunidades de hoje, sejam elas quais forem. Pode parecer que, em alguns dias, não há nada a agradecer, mas há. Eu costumo agradecer à luz do dia, por exemplo. Imagine se nós não a tivéssemos. Agradeço por aquilo que me desafia, porque não evoluo só com o que eu já sei. Incentivo meu pessoal a adotar esse hábito como uma âncora para ter ânimo.

A gente vive uma rotina tão corrida, que não se dá conta de nossas ações fundamentais, como levantar e tomar um café bem quente. Está com o corpo descansado, mas já bota estresse para dentro olhando as últimas mensagens e notícias do celular, antes mesmo de dar um bom-dia energizado a si mesmo ou a alguém da sua casa.

Para mudar o seu olhar diante da vida, não acorde de qualquer jeito, agindo no piloto automático. Tenha consciência de que está começando um dia que nunca mais voltará. Durante uns minutos, programe sua mente para o que quer que aconteça, além de agradecer por tudo o que já conquistou e pelo que recebe da natureza *for free*, gratuitamente, como a luz do dia.

Seja grato pelo que já tem e mantenha-se em busca de maiores satisfações.

A gratidão também vale para todas as pessoas que colaboraram com o nosso projeto de vida de alguma forma. Certa vez, fui com a equipe de reportagem de um jornal até uma das lojas do seu Júlio, que ficava em Madureira, perto da quadra da escola de samba Império Serrano. Ali, tive a chance de dizer a ele:

— Eu queria muito agradecer pela oportunidade, por ter aberto a sua porta e me deixado trabalhar aqui no momento em que eu mais precisava.

Não me preocupei em contar o que eu estava fazendo, sobre o sucesso dos meus negócios. O que importava, naquele momento, era agradecer pela oportunidade de maneira que ele soubesse que de alguma forma fez parte de uma coisa boa pra vida de alguém. O homem encheu os olhos de lágrimas.

Eu escolhi estar ali enquanto foi bom para mim, sem deixar que fosse ruim para alguém.

Seu Júlio me lembra o pai do personagem principal do filme *Tá chovendo hambúrguer*, um pescador conservador, bem "pé no chão", mas que acaba revelando estar orgulhoso do filho inventor. Meu ex-patrão tem aquela expressão séria, quase não fala. Mas quando a repórter do jornal perguntou como eu trabalhava, disse coisas bacanas a meu respeito que eu não imaginava que ele soubesse.

Vejo todos os locais de trabalho por onde passei, assim como as pessoas que me deram oportunidades, como impulsionadores para chegar onde estou hoje. Aquele não era o meu projeto ideal de vida (e isso pode estar acontecendo com você agora mesmo). Mas foi o caminho, o "como". Quantas coisas você passou nessa vida que pareciam não fazer sentido algum; e agora, com a experiência de vida que tem, consegue entender o sentido?

Sei que aquele homem vai levar o meu gesto para a vida dele. Isso porque talvez nunca tenha ouvido de nenhum funcionário o carinho de um verdadeiro "obrigado".

Agradeça, mas não se acomode, e sim se incomode. Use a sua insatisfação para aflorar seu lado criativo.

Isso é natural em mim desde a minha infância, quando agradecia a casa que eu tinha, o pai que eu ganhei, o pedaço de pão que eu repartia. Nada do que me aconteceu até empreender com sucesso me tornou vítima. Ficar usando "Ah, eu nasci pobre" de bengala pelo resto da vida, para conseguir atenção, por quê?

Fui uma garota feliz também. Apenas escolhi ficar com as melhores partes na mente e no coração, e vislumbrar outras. Para isso, contei com vários anjos.

São os anjos que a gente tem

Em nossa escalada, contamos com vários aliados, a quem chamo de anjos. Alguns ficam conosco por mais tempo, outros alegram nosso dia. Há ainda aqueles que evitam um perigo iminente, sem que nunca saibamos que corremos. Por exemplo: pode ser que alguém que se choca com você na rua, derrubando no chão seus objetos pessoais, o faça "atrasar" uns minutinhos para mudar de calçada, e isso o salve de ser atropelado.

Quantos anjos já salvaram sua vida, seu dia, seu humor, seu dinheiro? Cultivar boas energias, ter honestidade e bom coração, fazer mentalizações positivas, tudo isso faz com que apareçam vários anjos em seu caminho.

Seu Júlio e seu Antônio foram anjos na minha história de empreendedorismo, colaborando para que eu tivesse experiências de vender, gerenciar, atender variados públicos, lidar com dinheiro... A minha eterna amiga Nalda também. Ela topou ser minha sócia e, anos depois, me ajudou a recuperar a autoconfiança.

O cabeleireiro e a manicure que foram trabalhar comigo quando reabri o salão, depois da sacudida que a Nalda me deu, entenderam a minha situação financeira. E jogaram a favor, agiram como anjos! Nunca esqueço quando a porta da entrada emperrou. Não fechava de jeito nenhum. Vendo pelo lado do "copo meio cheio", e não "meio vazio", agradeci por estar toda levantada, o que nos permitiu trabalhar.

No fim daquele dia, como eu podia ir embora deixando o salão inteiro aberto? O cabeleireiro chamou seu jeitoso irmão, que arrumou e não me cobrou 1 real. Ainda bem, pois eu não tinha e nem escondia isso de ninguém. Sou eternamente grata por esse profissional ter chamado um familiar para me socorrer.

Na vida pessoal também contamos com anjos. Quando eu ainda era menor de idade, na ocasião em que tive de passar a noite naquela praia em que um grupo de bandidos se escondia, conheci um rapazinho que protegeu a mim e à minha amiga. Não soube o nome dele, só lembro que era mais claro de pele, mais baixo e mais novo do que eu. Ele nos deu orientações essenciais para sairmos ilesas daquela situação. A começar por nos abrigar na barraca dele até o dia clarear, para que pudéssemos enxergar a trilha de volta.

Num momento da minha vida em que eu me sentia num túnel, sem ver luz, antes de reabrir o salão, caí no conto da mulher grávida que simula uma queda e pede ajuda, enquanto o comparsa furta a carteira da vítima solidária. Lado positivo: ninguém me apontou uma arma e nem me cortou com uma faca. Sufoco: dei falta da minha carteira só quando estava dentro do ônibus, com o cobrador exigindo que eu pagasse a passagem.

Na parada seguinte, entrou um homem alto, com botas sujas de cimento, camisa rasgada e encardida, boné. Estava visivelmente saindo do trabalho e voltando para casa. Vendo a minha expressão de desespero, pagou a minha passagem. Que alívio! Devo ter dito repetidamente "muito obrigada", por umas dez vezes.

Quando alguém nos salva de uma situação difícil, esse gesto fica para sempre na nossa mente, mesmo que nem digam o nome. Além de anjos, essas pessoas se tornaram imortais para mim. Que bom que posso eternizá-las na minha mente, coração e ainda neste livro!

A essência de olhar para mudar

No final das contas, quando falamos de âncoras, estamos falando de propósito, de um motivo maior para fazer acontecer. Quando você tem muito claro dentro de si o que deseja, nada vai impedi-lo de conquistar isso. Por exemplo, quando eu quis desfazer sociedade com a querida Nalda, por que não levei nada? Porque sabia onde estava o meu horizonte e em que deveria botar a minha energia.

Tenho a convicção de que um dos segredos do meu sucesso está no carinho e no respeito que sinto pelas pessoas, me importando com o bem-estar delas e ficando atenta para identificar seus desejos de transformação.

Não existe a possibilidade de sermos (e de nos mantermos) bem-sucedidos, em qualquer aspecto da vida, sem um profundo desejo de atender às necessidades do próximo. Realçando o belo de cada um com alegria e satisfação, comprovo a cada dia que:

Sucesso é consequência de quanto você se importa em entregar o seu melhor, e não o possível.

Está sendo extremamente agradável constatar que eu nasci com essa essência de olhar para mudanças, e que ela é cada vez mais necessária para a realização de vários sonhos. Acredite, uma pessoa pode nascer predestinada a fazer algo grande, mas também é capaz de desenvolver qualquer habilidade que a leve até o seu sonho. Transmitir isso tornou-se o meu propósito de vida.

Meu objetivo é alcançar você, para que desperte o seu poder de mudar aquilo que talvez pareça difícil, distante da sua realidade. Pode ser qualquer sonho que esteja abafadinho, como o de empreender, encontrar um amor duradouro, gerar um filho, definir a sua profissão. Acredite mais em si mesma e sinta-se forte por saber o que deseja.

Claro, continue ouvindo o que seus familiares, funcionários, clientes e amigos têm a dizer. Só não se contamine com mensagens negativas, de que "Você não vai conseguir" ou "Isso nunca vai dar certo". Ouça o que serve para aumentar o seu aprendizado, internalizando apenas o que vai agregar ao seu sonho.

E, seja qual for o seu propósito de vida, eu friso que dê uma atenção toda especial ao seu jeito de olhar.

Vamos fazer um teste? Mire-se no espelho, analise o que você vê e como se sente. Se sorriu para si mesmo, com um ar de satisfação e orgulho, está no caminho certo. Se não foi bem assim, comprometa-se imediatamente a mudar o seu jeito de olhar e sentir a própria imagem, pois isso trará bem-estar e abrirá novos horizontes.

Eu sugiro mudar tudo o que viu no espelho e que não lhe agradou. Cuidar mais da sua beleza vai dar um *up* em seu astral? O que está esperando? Embeleze o seu olhar, pois isso vai turbinar a autoestima e favorecer que veja tudo mais ao redor por um ângulo mais belo. Use como uma âncora, um gatilho em prol de transformações por fora e por dentro.

Ter uma autoestima elevada atrai sucesso, força, conquistas, admiração e empoderamento. Se você aprisionou-se em alguma visão que não permite seguir em frente, comece a se libertar com um sorriso lindo.

A maneira com que você se vê e se sente é a mesma que transmite às pessoas. Espero que as minhas sinceras palavras tenham tocado a sua mente e colaborem para que acredite na capacidade de mudar o seu olhar, o seu sentimento e transformar qualquer área da sua vida.

Está havendo uma mudança energética no mundo, e muitas pessoas não estão percebendo a necessidade de utilizar o seu poder pessoal. Eu vivo e vejo que é possível sair de qualquer situação incômoda pelos caminhos certos. A vida está cheia de desafios, capazes de gerar aprendizados maravilhosos. Cabe a você escolher usá-los positivamente, mudando a sua mentalidade.

Não é só olhar, e sim incorporar o seu poder de transformar o que deseja a partir do seu olhar. Não é simplesmente o que você vê. É o que enxerga, sente e quer para sua vida.

Aproveite este momento como um divisor de águas para decidir aonde irá e como vai querer estar quando chegar lá.

Com todo carinho,
Jane Muniz

Este livro foi impresso pela gráfica Rettec
em papel Luxcream 70g